FILOSOFIA

SUMÁRIO

Para que Serve a Filosofia?

Algumas pessoas pensam na filosofia como uma ocupação numa torre de marfim, sem aplicação no mundo real. Não poderiam estar mais enganadas. A filosofia está por trás de toda decisão importante que tomamos e afeta todos os aspectos da vida.

O pensamento filosófico criou nossas leis e nossa interpretação dos textos religiosos. O modo como tratamos os criminosos, como estruturamos nossas escolas, a colocação das câmeras de segurança, a presença de ingredientes geneticamente modificados na comida, quantos impostos pagamos, a disponibilidade de pornografia na internet e se podemos fazer um transplante de órgãos são todas questões filosóficas.

Pensar em questões éticas, políticas e metafísicas é agradável e fortalecedor. É essencial para quem quer desenvolver opiniões embasadas sobre os problemas fundamentais da vida moderna.

A filosofia vai ajudá-lo a descobrir o que você pensa e por que pensa e capacitá-lo a se tornar o tipo de pessoa que acredita que deveria ser. Isso não significa realizar a ambição de se tornar um astro do cinema ou um astronauta; significa saber o que é importante para você e levar a vida segundo seu próprio conjunto de padrões e prioridades. Não pode haver meta mais importante ou satisfatória, nenhum trabalho melhor do que a construção da pessoa, e nenhum lugar melhor para começar do que em você mesmo e seu cérebro.

Muitas perguntas; haverá alguma resposta?

Se quisermos saber qual de duas montanhas é mais alta, podemos medir as duas e comparar o resultado. Se medirmos com precisão, teremos uma resposta definitiva.

A filosofia não é assim. Se você disser que Deus existe e eu disser que não, podemos ambos apresentar nossas razões para pensar assim, mas um observador objetivo não terá nenhum modo de ter certeza de quem está certo.

Não temos como encontrar uma resposta universalmente "verdadeira" para questões como a moralidade do aborto ou se a democracia é a forma mais justa de governo.

Sem nada equivalente à fita métrica para medir montanhas, como testar nossas ideias? Com discussões fundamentadas, podemos descobrir qual de duas ou mais ideias conflitantes é preferível. Para ganhar alguma coisa, é preciso chegar à filosofia com a mente aberta e desejo de aprender, mudar ou aprofundar seus pontos de vista. No fim, você pode descobrir que ainda defende as mesmas opiniões, mas

Tradicionalmente, os filósofos bebiam e tomavam café demais, fumavam em excesso e se estressavam com o significado da vida.

"O que realmente me falta é ter claro na mente o que devo fazer [...] a questão é encontrar uma verdade que seja verdadeira para mim, encontrar a Ideia pela qual eu possa viver e morrer."

Søren Kierkegaard, 1835

elas terão uma base mais forte, pois estarão enraizadas na razão e sustentadas por provas.

Opinião e verdade

Como não há provas externas definitivas, algumas pessoas tendem a pensar que as perguntas filosóficas são apenas uma questão de opinião. Mas a falta de respostas "certas" não faz de uma pergunta uma questão de opinião. Em vez disso, a filosofia consiste em apresentar proposições e explorá-las ou defendê-las com argumentos lógicos e fundamentados, refutando contra-argumentos e tentando avançar rumo às melhores respostas possíveis.

Essas respostas podem ser derrubadas por outro argumento, assim como uma teoria da física pode mais tarde ser substituída por uma teoria melhor. Na física, a teoria preferida é a que melhor se encaixa nos fenômenos observados e nos permite fazer previsões que se mostrem exatas. Para que seja legítima na filosofia, a ideia tem de ser coerente, sem contradições internas, inclusive, e, em muitos casos, universalmente aplicável.

Será que é verdade?

Se não podemos demonstrar conclusivamente a verdade de uma declaração filosófica, isso significa que não podemos dizer que haja verdades filosóficas? Essa é uma pergunta que os filósofos fizeram e, como seria de esperar, chegaram a diversas respostas.

A pergunta não se limita à filosofia: também é feita em outras disciplinas, como a física. Nossas descobertas na física são realmente descobertas de uma verdade objetiva ou

Poucos filósofos afirmariam que se possa justificar o assassinato de civis inocentes em tempo de guerra. Visto do ponto de vista moderno, a execução sumária de sérvios pelo exército austro-húngaro na Primeira Guerra Mundial foi claramente um crime.

apenas um modo conveniente de representar nossas observações do mundo? É possível que a verdade esteja "por aí", mas não podemos ter certeza.

"É errado matar pessoas"

Como a ciência, a filosofia tenta abordar a verdade. Se pegarmos a declaração "é errado matar pessoas", podemos rapidamente encontrar casos em que algumas pessoas talvez não achem errado matar — quando um doente terminal com muita dor pede a libertação, por exemplo. Isso torna a proposição não universalmente aplicável, e ela precisa ser ajustada. Podemos refiná-la como "é errado matar pessoas contra sua vontade". Mais uma vez, podemos encontrar

PERIGO: FILÓSOFOS TRABALHANDO

O antigo filósofo grego Sócrates perambulava por Atenas ensinando filosofia. Seus debates frequentes com a juventude aristocrática incomodavam as autoridades da cidade, que o viam tornando os jovens mais problemáticos e argumentadores do que precisavam ser. Finalmente, ele foi levado a julgamento por corromper os jovens e ofender os deuses. Quando lhe ofereceram a oportunidade de suspensão da pena se abrisse mão da filosofia, Sócrates recusou, antagonizando ainda mais o tribunal. Foi condenado à morte e obrigado a tirar a própria vida em 399 a.C. tomando cicuta, cercado de amigos. É considerado o fundador da filosofia ocidental.

A perseguição é um perigo perene para os filósofos. Os regimes totalitários costumam se voltar contra os intelectuais em seu meio. A China de Mao, o Camboja de Pol Pot e a URSS de Stalin aprisionaram e perseguiram intelectuais por causa de seu potencial perigoso de incentivar o populacho a questionar as autoridades. A mesma acusação foi feita a Sócrates 2.500 anos atrás. As pessoas que não pensam são fáceis de governar e fáceis de oprimir. Aos olhos de um Estado não esclarecido, os filósofos equivalem a negociantes de armas.

objeções. E a guerra? E a execução conforme a lei? Algumas pessoas ainda defenderão que a primeira declaração é verdadeira e podem oferecer argumentos para apoiar seu ponto de vista, mas outros podem emendar a declaração novamente, talvez como "é errado matar pessoas inocentes contra sua vontade em tempo de paz".

Com esse processo de exame e iteração, a filosofia tenta encontrar regras e crenças pelas quais possamos viver, construir sociedades e nos relacionar honestamente com o mundo natural. Talvez, pelo caminho, ela também encontre algumas verdades.

CAPÍTULO 1

Como Você Sabe Como Pensa?

Qual é a melhor maneira de proceder com o pensamento filosófico?

Questione tudo

O pensamento disciplinado não pressupõe nada. Na introdução, vimos que uma pergunta aparentemente simples — qual de duas montanhas é mais alta? — precisa ser definida com mais clareza antes de ser respondida. Na filosofia, todas as perguntas e todos os termos têm de ser examinados e definidos antes de nos sentirmos seguros para propor respostas.

> ***"A filosofia é uma disciplina. É preciso disciplinar o pensamento. Não é só inventar coisas. E disciplinar o pensamento é muito difícil de conseguir."***
>
> Tim Crane, Professor da cátedra Knightbridge de Filosofia, Universidade de Cambridge

As ferramentas que usamos na filosofia são a lógica e a razão; os argumentos que elas produzem só podem ser apresentados por meio da linguagem. Isso significa que a própria linguagem cai sob exame. Uma boa parte do trabalho filosófico do século XX foi examinar as bases e a confiabilidade da linguagem.

Quando começamos a olhar a filosofia, parece que tudo muda constantemente e que as perguntas se multiplicam à nossa frente. Pode ser revigorante, aterrorizante ou ambos. Se gosta de certezas, talvez a filosofia não seja para você. Mas, se aprecia a ginástica mental e não se importa se o chão onde construiu sua vida for arrancado de sob seus pés, talvez seja exatamente o que você procura.

Desmantelamento da certeza

Sócrates dizia que a única coisa de que tinha certeza era da própria ignorância, e se era mais sábio do que os outros homens era porque reconhecia sua ignorância. Ele desafiava as pessoas que se consideravam instruídas e lhes pedia que definissem conceitos comuns, como "coragem" ou "justiça". Então, apresentava contra-argumentos e revelava incoerências ou contradições no que diziam — não importava como respondessem, ele sempre encontrava furos em seu argumento. Sócrates pretendia mostrar que tudo é mais complicado do que tendemos a pensar, e aceitar crenças comuns sem exame não é sábio. Foi assim que ele perdeu as graças das autoridades de Atenas. Sua maneira de ensinar, conhecida como método socrático, ainda é usada. É um método dialético: um diálogo enquadrado como discussão fundamentada, na qual as respostas lógicas levariam os participantes à "verdade".

O fractal é um padrão que fica cada vez mais complexo. O padrão se duplica conforme se fragmenta, e é possível ver detalhes cada vez menores quanto mais se olha. Na matemática, a área demarcada por um fractal é finita, mas sua fronteira tem comprimento infinito. Pode-se pensar na filosofia como um fractal: toda pergunta leva a mais perguntas.

Construção da tese

Embora Sócrates usasse a dialética principalmente para desfazer crenças estabelecidas, desde sua época ela é usada para construir conhecimento. Mais uma vez, ela funciona num processo de perguntas e respostas. As respostas provocando mais perguntas que sondam mais e permitem que os participantes se aproximem de um entendimento mais profundo.

Geralmente, a dialética é associada a Georg Hegel (imagem acima), filósofo alemão do século XVIII que a apresentou de forma tripla:

- **tese:** a ideia ou declaração proposta como verdade, do tipo "é errado mentir".
- **antítese:** uma resposta fundamentada que contradiga a tese, como "às vezes mentir protege as pessoas do mal, portanto pode ser bom"
- **síntese:** uma nova declaração da ideia, revista à luz das objeções levantadas pela antítese. Em nosso exemplo, pode ser "é errado mentir quando não se pretende proteger a pessoa alvo da mentira".

O processo pode ser repetido. A síntese se torna a nova tese e é examinada e reajustada. Com esses passos, no diálogo com alguém ou pensando sozinho na argumentação, você pode examinar suas ideias e torná-las mais robustas.

Os processos são julgados no tribunal por meio do debate, com um lado argumentando a favor do réu, o outro a favor da promotoria. As habilidades e métodos do debate filosófico são usados para determinar se alguém é culpado ou não do crime.

Comece do nada

Em geral, os filósofos começam com o trabalho de filósofos anteriores e usam a lógica e a argumentação para fazer o debate avançar. Mas nem sempre é assim. A filosofia é uma das poucas disciplinas em que é possível jogar tudo fora e começar do zero, partindo dos primeiros princípios. Desde que seja lógico com coerência interna, o novo modelo tem uma boa probabilidade de ser levado a sério.

Martin Heidegger (1889-1976) e Ludwig Wittgenstein (1889-1951) decidiram que, durante dois mil anos, os filósofos tinham entendido tudo errado e estava na hora de recomeçar. Wittgenstein chegou a afirmar: "Para mim é indiferente se os pensamentos que tenho foram previstos por outra pessoa." Sem dúvida, isso poupa muito tempo que seria gasto lendo ideias anteriores e pode trazer um frescor que permite o surgimento de ângulos completamente novos.

O papel da lógica

A lógica é um modo de pensar e raciocinar extremamente formalizado que envolve o uso da linguagem como ferramenta de precisão. O primeiro filósofo a estabelecer os métodos da lógica foi Aristóteles, que viveu em Atenas em 384-322 a.C. Ele mostrou que podemos começar com duas declarações verdadeiras que tenham um "termo" em comum e chegar a outra declaração verdadeira a partir delas, usando termos que elas não tenham em comum. O exemplo mais famoso desse método, chamado silogismo lógico, é:

Todos os homens são mortais. Sócrates é homem. Portanto, Sócrates é mortal.

Aqui, o termo em comum é "homens/homem": está nas duas primeiras declarações. Vamos reduzir a algo mais formulado:

Todos os A são B. C é A. Portanto, C é B.

A terceira declaração continua verdadeira, mesmo quando removemos o conteúdo (os detalhes sobre homens e mortalidade). Isso mostra que a lógica é válida: ela é uma relação formal entre declarações. Contanto que as duas primeiras declarações sejam verdadeiras, a sequência sempre dará certo. Esse tipo de lógica não pode ser

O ADVOGADO DO DIABO

No debate filosófico, uma pessoa ou grupo tem de ser o "advogado do diabo" e defender um ponto de vista que, necessariamente, não apoie só com o propósito de haver o debate. De 1587 a 1983, "advogado do diabo" era um papel oficial. No exame do processo para criar novos santos, a defesa do candidato era apresentada pelo "advogado de Deus" e questionada pelo "advogado do diabo". O trabalho do advogado do diabo era encontrar furos na defesa de Deus. Sócrates era o advogado do diabo que descobria incoerências nos argumentos dos adversários.

refutado; para a filosofia, a dificuldade é preencher os termos (encontrar as declarações) que levem a conclusões úteis e significativas. É aí que precisamos ser muito precisos e cuidadosos.

Suponhamos que disséssemos:

> **Matar pessoas é errado. Abortar envolve matar pessoas. *Portanto*, abortar é errado.**

Isso está exposto a vários questionamentos. O primeiro é se "matar pessoas é errado" é uma declaração verdadeira; pode haver circunstâncias em que matar pessoas não seja errado. O segundo é se abortar envolve matar pessoas: temos de perguntar quando ou se o feto conta como uma pessoa e se podemos "matar" algo que ainda não tem vida independente. Embora a lógica seja sólida, o conteúdo não é. Para praticar filosofia, é preciso manter a rédea curta na lógica e no conteúdo — "disciplinar o pensamento".

Por onde começar?

O filósofo francês René Descartes (que, aliás, também inventou o sistema de coordenadas cartesianas usadas para traçar gráficos) disse, sabidamente: "Penso, logo existo." Foi seu ponto de partida para a filosofia. Ele percebeu que precisava começar de algo de que pudesse ter certeza, uma proposição segura.

A posição de certeza que encontrou foi sua própria existência, provada pela capacidade de pensar. Com o sistema de silogismos de Aristóteles, ele poderia dizer:

Só o que existe pode pensar. Penso. *Portanto*, existo.

Para a maioria, as questões mais importantes e urgentes da filosofia são éticas — relativas ao que é moralmente certo e errado. Essa é a área onde, com mais probabilidade, encontraremos dilemas filosóficos na vida cotidiana e onde eles terão impacto sobre ações. É provável que questões como internar uma parente idosa numa casa de repouso contra sua vontade ou como tratar os animais parecem mais relevantes do que se/por que algo existe.

Em geral, é aí que você começa: perguntando o que deveria fazer ou tentando decidir sua opinião sobre um problema tópico. Mas as questões filosóficas são especialmente propensas a crescer descontroladamente. Algo que começa como uma pergunta aparentemente objetiva e específica costuma ter raízes muito fundas — e é por isso que Descartes teve de começar determinando que existia. É exatamente esse aspecto que torna a filosofia tão fascinante e compensadora.

CAPÍTULO 2

O Que Queremos Dizer com "Realidade"?

Se uma árvore cair na floresta e não houver ninguém para ouvir, ela faz barulho?

O que queremos dizer com realidade? Alguma coisa existe? Podemos ter certeza? E existir é o mesmo que ser real?

> ***"O que acontece com o Sol, a Lua e as estrelas? O que devemos pensar de casas, rios, montanhas, árvores, pedras – até mesmo de nossos próprios corpos? Todas essas meras ilusões são criaturas da imaginação?"***
>
> George Berkeley, *Tratado sobre os princípios do conhecimento humano*, 1710, seção 33

O que há por aí?

Para os filósofos, nada é dado; temos de provar as coisas, e isso inclui provar a existência. Descartes chegou à sua famosa frase "penso, logo existo" na tentativa de determinar do que poderia ter certeza. Ele se sentia seguro da própria existência porque acreditava que não poderia estar pensando se não existisse. Mas seu pressuposto não é seguro. Filósofos posteriores ressaltaram que o pensamento só provava que o pensar ocorria, não que Descartes existisse para pensar.

Mesmo que se sinta seguro de sua existência, você pode ter certeza de que os outros existem? Talvez você tenha cria-

A QUESTÃO DA ÁRVORE

Se uma árvore cair na floresta e não houver ninguém por perto, ela faz barulho? Essa é uma pergunta filosófica muito citada. John Locke, filósofo do século XVII, diria que a resposta é não. A maioria dos cientistas concordaria: o "som" é definido por ser ouvido. Quando cai, a árvore cria vibrações no ar que são vivenciadas como barulho se houver um observador ouvinte presente. Se você acenar a mão no ar, ela faz vibrações do mesmo tipo que a árvore que cai ou a campainha. Mas o ar se move tão devagar que não podemos ouvir o aceno, daí o silêncio. É possível que alguma outra criatura seja capaz de ouvir o som de uma mão que acena. Para ela, o mundo seria um lugar muito barulhento.

do todo o mundo exterior com todas as suas pessoas e suas experiências passadas (e este livro, para levá-lo a pensar nisso). Talvez nada mais seja real.

> ***"[A realidade] é um conceito controvertido que afirma que as "coisas" estão "por aí" e, de algum modo, isso é indiscutível."***
>
> Desciclopédia

Real ou ideia?

Os filósofos que acreditam que a realidade existe de forma independente de qualquer observador são chamados de realistas. Os que pensam que a realidade é uma ideia construída na mente humana são idealistas. Há muitas tonalidades de realismo e idealismo.

O realismo mais fundamental sustenta que tudo existe e é exatamente como nos parece. Essa é a posição básica da maioria: levamos a vida cotidiana com o pressuposto de que a realidade está "por aí" e é como achamos que é. Os filósofos chamam isso de "realismo ingênuo". Aristóteles era um arquirrealista: ele se sentia seguro de que o mundo "por aí" existia e era real. Também acreditava que nossos sentidos nos dão uma experiência confiável do mundo. Platão, tutor de Aristóteles, tinha uma visão mais complicada. Ele acreditava que há duas camadas de "realidade". Uma, a camada superior, era o mundo das "formas" ideais. A forma é a essência ou ideal de algo: o cavalo perfeito, a concepção mais completa de justiça, até o melhor corte de cabelo, tudo existe como "forma".

Infelizmente, o mundo das formas não nos é acessível em nossos corpos imperfeitos. Em vez disso, residimos na segunda camada da realidade, o mundo material bastante rústico. Há muitos casos (ou instâncias) das formas, mas nenhuma é muito boa. Os cavalos não são superesguios nem super-rápidos, os sistemas de justiça são um pouco corruptos e há muitos estilos de cabelo ruins. Mas é a única realidade que nos

O MITO DA CAVERNA

Imagine um grupo de pessoas aprisionado numa caverna. Na parede, todos veem sombras lançadas por criaturas fora da caverna. No que diz respeito às pessoas dentro da caverna, essas sombras são reais. Elas criam teorias para explicar como funciona a realidade e por que as coisas são como são (= parecem ser). Se uma pessoa escapasse da caverna e visse a realidade real, a princípio lutaria contra ela. Quando voltasse à caverna, teria muita dificuldade para explicar aos outros cavernícolas que o que veem na parede não é a realidade. Platão adota o papel do fugitivo retornado que tenta explicar essa ideia filosófica à humanidade: o que vemos não é a realidade mais pura, embora seja tudo o que podemos vivenciar.

é acessível, e temos de nos contentar com ela. Platão usou a alegoria da caverna para tentar explicar a disparidade entre o que percebemos como realidade (o mundo material) e o mundo mais puro e de grau mais elevado das formas.

O filósofo alemão Immanuel Kant (1724-1804) usou uma abordagem semelhante e distinguia objetos que vivenciamos como *fenômenos* — a realidade visível, pegável, cheirável — e objetos que são "coisas em si", que ele chamava de *númenos*. Esses númenos não aparecem no tempo e no espaço e não podemos apreendê-los porque existem independentemente dos sentidos/da percepção humana.

"A realidade dos objetos externos não admite prova estrita."

Immanuel Kant, 1781

(Não) realidades alternativas

Se não estiver convencido de que a realidade existe, há outras opções a escolher, como:

- **"Cérebro numa cuba"** — na verdade você não é um cérebro num corpo que anda por aí. Você é um cérebro

Não há como provar que as coisas que parecem muito antigas não foram criadas recentemente e dotadas de indícios convincentes de sua antiguidade para nos enganar.

guardado em algum lugar numa cuba com fluido de manutenção. Seu cérebro é alimentado com imagens e sensações por um computador que criou uma realidade virtual que agora você acredita que é real.

- **"O demônio cruel"** — um demônio cruel tem você sob seu controle e o convence de que a "realidade" é real.
- **"É tudo um sonho"** — os sonhos parecem reais quando os temos, e como saber se toda a nossa vida não é um sonho? No século IV a.C., o filósofo chinês Zhuangzi (Chuang Tzu) disse que sonhou que era uma borboleta. Ao acordar, perguntou-se como saber qual era a identidade real: ele era Zhuangzi sonhando que era borboleta ou uma borboleta sonhando que era Zhuangzi?
- **A *Matrix* é verdade** — você habita uma simulação computadorizada criada por outros seres.
- **"Acabou de acontecer"** — o mundo foi criado muito recentemente, talvez na quinta-feira passada. (Às vezes a teoria é chamada de *Last Thursdayism* — "ultimaquintafeirismo" — ou Terra de cinco minutos.) Tudo

nela, inclusive nossas lembranças, foi criado para dar a impressão de que é muito mais antigo. Essa é uma versão de prazo um pouco mais curto do criacionismo, que defende que o mundo foi criado, com sua história geológica aparente, há poucos milhares de anos.

NADA EXISTE...

O antigo filósofo grego Górgias (c. 483-375 a.C.) adotou uma visão negativa e linha-dura da realidade. Ele disse:

- **Nada existe.**
- **Mesmo que alguma coisa exista, nada se pode saber sobre ela.**
- **Mesmo que se possa saber algo sobre ela, esse conhecimento não pode ser transmitido aos outros.**

Essa é a chamada visão solipsista, que só aceita como certa a existência do pensador. (Existir e ser real não são necessariamente a mesma coisa em filosofia.)

Deus no quadro

O bispo anglo-irlandês George Berkeley (1685-1753), a quem costumam creditar falsamente a pergunta da árvore (ver a página 22), diria que, além de não haver barulho, também não há árvore. Mas não há árvore num sentido bastante especial.

Para Berkeley, assim como, mais tarde, para William Fossett, toda experiência é percebida por nossos sentidos. Tudo o que existe é simplesmente nossa percepção de coisas e estados, internos e externos. Se não percebermos, não existe, ou *"Esse is percipi"* — ser é ser percebido. Mas Berkeley não acreditava que construímos do nada todas essas percepções dos sentidos. Como ele disse, quando abrimos os olhos não escolhemos o que vemos. A variedade das percepções vem de Deus. E como Deus continua a ver a árvore mesmo quando não há mais ninguém olhando, a árvore continua no mesmo lugar para a próxima pessoa que aparecer. É uma teoria esperta, mas exige muito de Deus — principalmente sua existência.

Como são as coisas?

O que podemos saber das coisas que existem é sempre mediado por nosso corpo — nossos sentidos ou nossa mente (ver o capítulo 3). Mais uma vez, somos jogados de volta na percepção. Descrevemos as coisas como duras ou moles, úmidas ou secas de acordo com a vivência que temos delas.

Se você tocasse o pelo de um animal e depois o aço, notaria a diferença. O pelo é macio, o aço é duro. O pelo é quente, o aço é frio. Mas até que ponto essas diferenças são reais, integrais às substâncias, e até que ponto são só diferenças de nossa percepção?

Se ficarem no mesmo cômodo por algum tempo, pelo e aço ficarão ambos à mesma temperatura. O pelo parece quente porque é um isolante térmico. O aço parece frio porque é um condutor de calor — tira o calor de nossos dedos e o sentimos como frio. O pelo parece macio porque é formado de muitas fibras minúsculas que se movem na almofada de ar entre elas. Podemos fazer pelo de aço, mas geralmente vivenciamos o aço como um bloco, não como uma mistura de aço e ar. (Pense na limalha de ferro, que parece macia.) É claro que também há diferenças físicas genuínas entre os materiais, produzidas pelo arranjo de átomos e moléculas.

> ***Não há impossibilidade lógica na hipótese de que o mundo surgiu há cinco minutos, exatamente como é, com uma população que "recorda" um passado totalmente irreal. Não há nenhuma conexão logicamente necessária entre eventos de tempos diferentes; portanto, nada que esteja acontecendo agora ou que aconteça no futuro pode refutar a hipótese de que o mundo começou cinco minutos atrás."***
>
> Bertrand Russell, 1921

ESTÁ LÁ SE ACREDITAMOS QUE ESTÁ

"Realidade de consenso" é o nome de coisas ou situações consideradas reais porque a maioria das pessoas acredita que existem. Por exemplo, em algumas sociedades modernas e muitas antigas, pessoas suficientes acreditam na existência de Deus para que a existência de Deus conte como realidade de consenso.

John Locke dividia as propriedades dos objetos em primárias e secundárias. As propriedades primárias pertencem aos objetos: extensão no espaço, formato, se ele se move e assim por diante. As propriedades secundárias são aquelas que dependem de nossa percepção sensorial do objeto, como cor, peso e o barulho que faz. O filósofo alemão Martin Heidegger acreditava que nosso entendimento do mundo é sempre em relação a nós. Ele descrevia *Dasein*, literalmente "estar aqui", como o estado do ser humano. Nossa existência é definida em termos de nosso contexto no mundo, e é impossível separar nossa consciência individual do ambiente que a cerca.

Um veículo viajando pela Lua não faz som nenhum, porque não há ar para vibrar. O som precisa de uma interação entre coisa que se move, ar e observador.

A presença quântica

Um dos símbolos mais famosos (talvez o único famoso) da física quântica é o pobre gato de Schrödinger. Nesse exercício intelectual criado em 1935, Erwin Schrödinger sugeriu que pensássemos num gato fechado numa caixa (ver a ilustração na página ao lado). Também na caixa há um frasco de veneno, algum material radioativo e um detector que mede a radioatividade. Se o detector perceber indícios de decaimento radioativo, o frasco é automaticamente quebrado e o veneno mata o gato. Se não houver decaimento radioativo, o gato vive.

O estado do gato não é conhecido, a menos que se abra a caixa. De acordo com a teoria quântica, o estado do gato não é sequer *determinado* antes que se abra a caixa. O gato está ao mesmo tempo morto e vivo até que seu estado seja fixado pela observação.

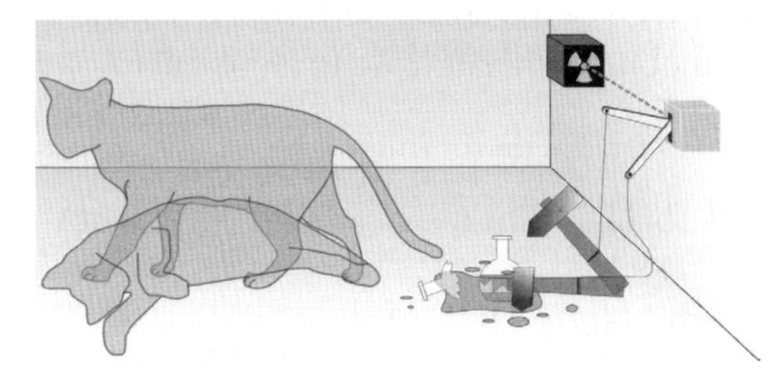

Schrödinger imaginou o experimento para mostrar que alguns aspectos da teoria quântica parecem ridículos quando passados do nível atômico para o mundo que nos cerca; por que o gato está morto *e* vivo até seu estado ser *fixado*, em vez de morto *ou* vivo até seu estado ser *conhecido*? A questão, como no caso da árvore, é como a presença do observador causa impacto sobre o que consideramos realidade.

A LUA ESTÁ LÁ?

Numa história (possivelmente apócrifa), Albert Einstein perguntou certa vez ao físico quântico Niels Bohr se ele genuinamente acreditava que a Lua só existe quando alguém a olha. Bohr respondeu que Einstein não seria capaz de provar que ela existe.

Nada é algo?

"Nada virá do nada", diz o rei Lear a Cordélia. Mas parece que *tudo* veio do nada, quer prefiramos ver a origem do universo em Deus, quer no Big Bang.

Uma das perguntas fundamentais da metafísica é por que há algo em vez de nada (se é que há). Todo algo é principalmente nada, e "nada" só faz sentido porque há algo. O vácuo só é definível porque em outro lugar há algo.

Há muito mais nada do que gostamos de pensar. Cada átomo é 99,9999999999999% espaço vazio. Isso significa que as coisas ocupam até 10^{14} vezes mais espaço do que ocupariam se todas as "coisas" do átomo fossem grudadas, sem o espaço vazio. Isso é difícil de imaginar: significa que o Sol, que tem 1,4 milhões de quilômetros de diâmetro, se encolheria para um e meio centésimo de milímetro, ou 14 mícrons. Isso é cerca de um milhão de vezes mais denso que um buraco negro.

Em outras palavras, há 100.000.000.000.000 de vezes mais nada do que algo nas coisas que vemos como matéria. E no espaço há ainda menos algo (ou ainda mais nada). É a existência do nada — o espaço dentro e entre as partículas — que torna nosso mundo possível.

POR QUE HÁ ALGO EM VEZ DE NADA?

A existência do universo é geralmente explicada com referência a um "motor primário" pelo qual tudo foi criado a partir do nada. Há muitos mitos e religiões que têm um ser como motor primário. A ciência tem o Big Bang como o mais provável motor primário do universo. Em ambos os casos, mítico e científico, a pergunta "o que havia antes" não faz sentido; é como perguntar o que há ao norte do Polo Norte.

CAPÍTULO 3

O Que Você Sabe?

Como você sabe coisas? E do que pode ter certeza?

A aquisição de conhecimento tem uma história de altos e baixos. Na tradição judaico-cristã, comer o fruto da Árvore do Conhecimento causou a queda do homem. Na lenda medieval, Fausto vendeu a alma ao diabo em troca da compreensão da necromancia e do poder que ela lhe dava. Mas, sem a praticidade de uma maçã ou um demônio, como a maioria de nós obtém conhecimento?

A tela em branco

Um bebê recém-nascido adquire muito depressa um grande corpo de conhecimentos. Aristóteles foi o primeiro a sugerir que o bebê nasce com a mente vazia, um "tablete não escrito", no qual a experiência escreve o conhecimento. Cerca de 1.300 anos depois, o filósofo persa Ibn Sina (ou Avicena) usou a expressão *tabula rasa* (ardósia limpa): "ao nascer, o intelecto humano é como uma *tabula rasa*, uma potencialidade pura que é efetivada pela educação e passa a saber."

O bebê tem de aprender a engatinhar, depois andar, falar e se relacionar com outras pessoas. Os neurologistas podem nos dizer que o cérebro do bebê cria neurônios e conexões entre eles, portanto é fisicamente incapaz de aprender algumas habilidades antes de uma fase específica do desenvolvimento físico. Mas há alguma prova de que o bebê aprende essas habilidades a partir de uma posição de ignorância?

> ***"Se considerarmos atentamente as crianças recém-nascidas, teremos pouca razão para pensar que trazem muitas ideias consigo ao mundo [...] [mas] em graus depois disso, as ideias vêm à sua mente."***
>
> John Locke, 1689

Platão e a alma versada

Platão não concordava. Ele acreditava que a alma humana pré-existe e é conferida ao bebê. Em sua forma não encarnada, as almas têm conhecimento e entendimento inatos e podem acessar o mundo das formas. Depois de abrigada numa mente e num corpo humanos, esse entendimento puro lhe é ocultado. De acordo com Platão, quando aprendemos descobrimos conhecimentos que já estão lá, ou seja, são inatos. Não surpreende que esse ponto de vista se chame inatismo. É como se a alma fosse colocada num cubículo de vidro com janelas cobertas pela condensação do vapor e tivesse de limpá-las para ver o que antes, fora do cubículo, via claramente. Mesmo assim, ela vê através do vidro sujo, em vez de ver as coisas verdadeiramente. Portanto, o bebê tem muito conhecimento trancado em sua alma, mas não consegue acessá-lo sem instigação.

Platão buscou demonstrar isso mostrando de que modo Sócrates "descobriu" o conhecimento num escravo. A princípio, parece que o escravo não sabe nada sobre uma fórmula geométrica. Com perguntas, Sócrates acaba fazendo o escravo declarar a fórmula; portanto, afirma ele, mostra que o escravo sabia o tempo todo, mas precisava de ajuda para descobri-la. A prova é espúria, é claro. Sócrates faz perguntas que levam o escravo, pelo raciocínio, à conclusão correta.

> ***"[A alma] é um verdadeiro prisioneiro fechado dentro do corpo [...] e que, em vez de investigar a realidade por si e em si, é obrigada a espiar pelas grades da prisão."***
>
> Platão

Inatistas posteriores sugeriram que a alma foi provida por Deus de um tipo de pacote inicial de conhecimento. Entre as ideias postuladas como inatas estão a existência de Deus (René Descartes), fatos matemáticos como 1 + 1 = 2 (Gottfried Leibniz) e verdades éticas sobre certo e errado (Immanuel Kant). Se inato, o conhecimento moral terá de ser absoluto e imutável, e o que é bom ou mau seria igual para todas as pessoas em todos os lugares e em todas as épocas (ver o Capítulo 16). Em alguns casos, as pessoas podem não ter consciência de uma verdade inata, mas isso é porque ela não lhes foi despertada, não porque não a tenham. Uma cutucadinha ou provocação pode trazê-la à superfície.

Racionalistas e empiristas

Quer o conhecimento venha com a alma, quer tenha de ser adquirido de novo a cada nova vida, há duas possíveis fontes principais. Podemos obter conhecimento pela aplicação da razão ou pela evidência dos sentidos. Aqueles filósofos que, como Platão e Descartes, acreditavam que podemos chegar ao conhecimento com a aplicação da razão se chamam racionalistas. Aqueles que, como Aristóteles e Locke, acreditam que os sentidos são a única fonte confiável de conhecimento se chamam empiristas. Os empiristas tendem a adotar a opinião da *tabula rasa* e supõem que o bebê precisa vivenciar o mundo para aprender. Os racionalistas acreditam que há conhecimento inato ou, pelo menos, estruturas inatas para obter ou estruturar o conhecimento.

John Locke

O filósofo escocês David Hume adotou o máximo possível a visão empírica e rejeitou a certeza de tudo o que não pudesse vivenciar direta e pessoalmente. Isso o levou a negar a existência de Deus, de toda causa e efeito, de todo conhecimento derivado da razão e até, em última análise, de sua própria identidade. Ele só podia ter certeza de que percebia coisas. Não podia ter certeza de que as percepções se relacionavam a algo real. "Não passo de um feixe de percepções", concluiu.

NÃO SABEMOS NADA

Os céticos eram um grupo de filósofos, a partir do século III a.C., que acreditavam que não podemos ter certeza de nada. Como vem de nossos sentidos imperfeitos, o que sabemos sobre o mundo físico não merece confiança. Isso porque nunca sabemos se vemos o quadro completo ou temos uma visão distorcida. Se vemos árvores em volta, não sabemos se estamos numa vasta floresta ou num pequeno bosque. Se vemos água à nossa frente, pode ser um rio largo ou um oceano imenso.

Os céticos acreditavam que sua abordagem nos levaria a uma vida menos estressada por nos ajudar a ficar calmos e desapegados. Se não fingirmos saber se algumas coisas são boas ou más, não ansiaremos por elas, não choraremos sua ausência nem temeremos sua perda. Permaneceremos impassíveis diante das mudanças da fortuna. Em outras palavras: a ignorância é uma bênção.

Podemos acreditar em nossos olhos?

A menos que seja daltônico, provavelmente você tem certeza da cor das coisas. Digamos que esteja usando um suéter vermelho. A propriedade que chamamos de "vermelho" significa "reflete (ou emite) luz vermelha, radiação eletromagnética com um comprimento de onda por volta de 650 nanômetros". Mas, embora todo mundo concorde que seu suéter é vermelho, não tenho como saber se vejo a mesma coisa que você. Podemos vivenciar o vermelho de forma muito diferente e nunca saber disso.

Immanuel Kant defendia que só podemos conhecer o mundo pela percepção dos sentidos e não podemos saber como a impressão que temos se relaciona com o modo que e se as coisas realmente são. Ele ressaltou que, se passarmos a vida toda olhando por uma lente distorcida, nunca saberemos que o que pensamos que vemos não é a realidade. O interessante é que, se as pessoas usarem óculos que invertem a imagem que veem, em poucos dias seu cérebro se ajusta à distorção e elas veem as coisas de cabeça para cima. Vemos o que esperamos ver; não podemos saber como isso se relaciona com a realidade ou se essa frase faz algum sentido.

DESVIO PARA O VERMELHO

Não é só nossa percepção que distorce a aparência da realidade; a física também faz isso por nós. Quando um objeto se afasta, o comprimento de onda da luz que nos atinge fica maior, se aproximando da extremidade vermelha do espectro. É um dos resultados do efeito Doppler, que faz o barulho de um veículo que passa depressa parecer cair e depois subir. O desvio para o vermelho faz as estrelas que se afastam de nós com a expansão do universo parecerem mais vermelhas do que são — isto é, mais vermelhas do que a luz que realmente emitem.

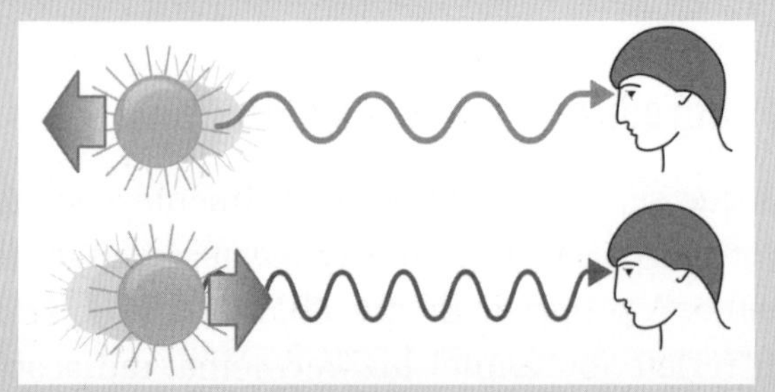

Se estiver estacionária em relação a nós, a estrela parece branca. Se estiver se afastando de nós, parece vermelha. Se estiver vindo em nossa direção, parece azul.

Tenha fé

Outra fonte possível de conhecimento é a inspiração divina: ser abençoado com o entendimento por meio da fé. Santo Agostinho acreditava que só conseguiria entendimento completo pela graça de Deus. Ele depositava sua confiança num versículo da Bíblia: "a não ser que creias, não entenderás" (Isaias: 26, 3).

É claro que o tipo de conhecimento que vem com a fé não é suscetível a provas. Sua confiabilidade será posta em dúvida por quem não tem a mesma crença daquele que confia na inspiração divina.

Nativismo: com conhecimento embutido

Immanuel Kant propôs que o bebê conhece os objetos de maneira inata, não baseada num conhecimento aprisionado com lembranças nebulosas do mundo das formas. A explicação de Kant se baseia em seu conjunto bastante complicado de "categorias" que descrevem todos os objetos. As versões mais recenes do nativismo — a ideia de que, de algum modo, somos preparados para o conhecimento — são mais fáceis de entender e se baseiam em algo mais concreto.

Os filósofos modernos que se interessam pela psicologia, como Noam Chomsky e Jerry Fodor, defendem que a estrutura do cérebro é preparada para aceitar ou estruturar o conhecimento de determinada maneira. Não é que o bebê já saiba coisas, mas ele já sabe *como* saber coisas. É como ter um disco rígido pré-formatado; ali estão todas as estruturas estabelecidas para aceitar os dados e ele só precisa ser preenchido.

Chomsky indica semelhanças subjacentes nas estruturas linguísticas para sustentar seu argumento de que o aprendizado da linguagem é algo para o qual o cérebro está pré-preparado; mas há outros tipos de conhecimento que têm de ser adquiridos logo cedo. Às vezes, crianças excluídas da companhia humana desde a primeira infância nunca aprendem a falar, andar eretas, comer alimentos cozidos ou usar roupas. Chomsky sente que o mesmo pode acontecer com as estruturas morais. Essa ideia é sustentada pelos valores morais muito semelhantes encontrados em culturas diferentes (embora também se possa explicar isso por serem valores que fazem a vida comunitária funcionar melhor).

Chomsky desconfia que a estrutura da mente possa até limitar o que conseguimos saber. Algumas questões podem estar além de nós, porque nosso cérebro não está estruturado para podermos entendê-las e responder a elas, assim como nossos olhos não são projetados para ver o infravermelho nem nossos ouvidos para perceber sons de frequência muito baixa. Chomsky achava que algumas questões da filosofia podem ficar nessa categoria.

NATUREZA E CRIAÇÃO

O debate entre *tabula rasa* e conhecimento inato é fundamental na discussão de sermos feitos principalmente pela natureza (características inatas ou herdadas) ou pela criação (o ambiente e o modo como fomos educados). Isso se estende a todas as áreas do diálogo social. Alguém nasce homossexual ou se torna homossexual? Algumas pessoas nascem com tendências criminosas ou a culpa é dos pais, da escola e do condicionamento social?

A visão da *tabula rasa* diria que tudo o que somos vem da criação. A visão inatista diria que, em alto grau, isso já está determinado antes de nascermos. Uma visão inatista demasiado firme pode levar a políticas perigosas, como a eugenia — a tentativa de reproduzir ou eliminar determinadas características limitando o reservatório gênico. Isso se consegue com restrições a quem pode ter filhos e com quem.

CAPÍTULO 4

Quando um Biscoito Não É um Biscoito?

Como classificar o mundo e como saber que o resultado encontrado se baseia na realidade?

Os bolinhos Jaffa Cakes têm uma base de pão-de-ló, um recheio viscoso alaranjado e cobertura de chocolate. Isso faz deles um bolo ou um biscoito? Em 1991, a McVities, fabricante dos Jaffa Cakes, entrou numa disputa com o HM Customs and Excise, órgão do Reino Unido que cuida dos tributos de importação e circulação de mercadorias, exatamente por essa questão. Os biscoitos cobertos de chocolate pagam VAT (imposto sobre valor adicionado), mas os bolos, com ou sem cobertura, não.

Como agrupamos coisas

A tendência humana de pôr coisas em categorias é imensa. Classificamos tudo — até, ao que parece, bolos e biscoitos. Mas a classificação reflete divisões da realidade ou cria categorias artificiais?

Aristóteles tentou a categorização formal há mais de 2.300 anos. Ele acreditava identificar categorias que dividiam genuinamente as coisas, posição que faz dele um realista. (Quem acredita que a categorização é inteiramente imposta sobre as coisas classificadas é conceitualista.) Aristóteles listou as dez categorias mais elevadas que poderiam ser usadas para distinguir objetos (ou talvez palavras; não fica claro se falava de palavras ou das coisas a que as palavras se referiam). As dez categorias são: **(1) substância** (por exemplo, homem ou cavalo); **(2) quantidade; (3) qualidade** (por exemplo, branco); **(4) relação** (por exemplo, metade, dobro); **(5) lugar; (6) tempo; (7) estar numa posição** (por exemplo, sentado); **(8) ter** (por exemplo, tem um chapéu); **(9) agir;** e **(10) sofrer uma ação** (por exemplo, ser cortado). É bem mais complicado do que qualquer lista sugere. A distinção importante é que uma coisa não pode ser outra; assim, por exemplo, a quantidade não é um tipo de substância nem um lugar.

Aristóteles não tem uma categoria "superior" porque categorizar é traçar distinções e, logicamente, se tudo estiver numa categoria superior, não restará nada fora dela. No entanto, as categorias têm várias subdivisões. Podemos subir ou descer por um sistema de categorias para incluir mais ou menos exemplos. Se tivermos uma categoria de cães, por exemplo, podemos ir mais especificamente para a categoria dos dálmatas ou mais geralmente para a categoria de mamíferos terrestres. O ato de categorizar exige investigar as coisas e ver quais são as características em comum e quais as distinguem de outras coisas.

PRÓ E CONTRA OS JAFFA CAKES

Para decidir, o tribunal considerou os seguintes pontos:

- **O nome inclui a palavra *cake*, que significa bolo.**
- **Os Jaffa Cakes são feitos com uma mistura de ovo, farinha e açúcar que fica fofa e aerada ao assar, exatamente como um bolo de verdade. A massa é fina como a de um bolo, não grossa como a de biscoito.**
- **Os bolos são macios e se dobram; os biscoitos quebram. Um Jaffa Cake não quebra e tem textura de pão-de-ló.**
- **Quando fica velho, o Jaffa Cake endurece como um bolo. Quando ficam velhos, os biscoitos amolecem.**
- **A parte esponjosa do Jaffa Cake é uma porção substancial de seu volume.**
- **Os Jaffa Cakes são pequenos como os biscoitos; um pouco pequenos demais para um bolo.**
- **Os Jaffa Cakes são vendidos em pacotes mais parecidos com pacotes de biscoito do que pacotes de bolo.**
- **Os Jaffa Cakes costumam ser expostos para venda junto dos biscoitos e não dos bolos.**
- **Os Jaffa Cakes são apresentados como petiscos para comer com a mão. Geralmente, bolos se comem com garfo.**

O tribunal decidiu que os Jaffa Cakes tinham características suficientes para serem aceitos como bolos e, em consequência, eles são isentos do VAT.

Ter certeza: o que é necessário e suficiente

Para categorizar e definir adequadamente, precisamos encontrar propriedades que sejam necessárias e suficientes para pôr as coisas num grupo e não em outro. A categorização clássica oferece categorias suficientes para tudo. As categorias têm de ser mutuamente exclusivas; se algo é uma ave, não pode ser um peixe; se é uma motocicleta, não pode ser um carro.

Animal ou vegetal?

A primeira tentativa sistemática em grande escala de categorizar coisas vivas foi feita pelo naturalista sueco Carl Lineu (ver imagem abaixo) no século XVIII. Ele trabalhou com base em características visíveis para estabelecer relações entre os organismos e desenvolveu a conhecida divisão dos organismos em reinos, classes, ordens, gêneros e espécies. Seu *Systema Naturae* foi publicado em 1735 e só tinha vinte páginas. A 12ª edição, a última supervisionada por ele, tinha 2.400 páginas e foi terminada em 1768.

Hoje, a filogenética adota uma abordagem diferente e trabalha a partir do DNA dos organismos para estabelecer "clados" — grupamentos que dependem do compartilhamento pelos organismos de uma ou mais características do último ancestral conhecido em sua linha de evolução.

A intenção é descobrir de que modo tudo o que evoluiu veio de outros organismos — um tipo de árvore genealógica gigantesca para todo o mundo natural.

Não é fácil; geralmente há mais de uma maneira de agrupar criaturas, dependendo das características que olhamos.

Tigres confusos

Os filósofos americanos Saul Kripke (nascido em 1940) e Hilary Putnam (1926-2016) tentaram definir as categorias referindo-se a propriedades necessárias inerentes às coisas, em vez das propriedades primárias de Locke (ver a página 28). Se tentássemos definir um tigre, poderíamos dizer que tem listras e quatro patas. Embora sejam características costumeiras dos tigres, não são propriedades necessárias, porque um tigre pode ser albino ou ter perdido uma pata e ainda ser um tigre. Para definir o tigre com mais precisão, podemos dizer que ele precisa ter DNA de tigre. Algo que não tenha DNA de tigre não pode ser um tigre, portanto DNA de tigre é uma propriedade necessária. Mas possuir DNA de tigre não é suficiente para identificar um tigre; a pata perdida ou um pouco do pelo listrado (ou albino) tem DNA de tigre, mas não podem ser chamados de tigre.

Talvez pudéssemos definir o tigre dizendo que é um organismo vivo completo com DNA de tigre. Mas e uma tigresa prenha, prestes a dar à luz? É um único corpo autônomo, mas talvez três ou quatro tigres. Há mais células de micróbios no corpo humano do que células humanas; presumivelmente, o mesmo acontece com os tigres. Portanto, há mais não tigre do que tigre num tigre, mas não chamamos os tigres de colônia de micróbios que habita uma estrutura que tem DNA de tigre. Já estamos sendo seletivos em nosso modo de ver as coisas para classificá-las.

Ser incerto

As fronteiras entre categorias raramente são nítidas. O frade inglês Guilherme de Ockham, que morreu em 1347, defendia que todas as categorias, até rótulos como "ser humano" ou "árvore", não passam de estruturas que impomos à realidade para nos ajudar a pensar sobre o mundo. O filósofo e físico austríaco Ernst Mach (1838-1916) sugeriu que até as leis da natureza ou da física que afirmamos descobrir são apenas produtos da mente, que busca impor ordem ao que nos cerca. As leis não são "reais"; são simplesmente a melhor explicação que encontramos num conjunto específico de circunstâncias.

Não há diferença biológica entre uma flor e uma erva daninha. Você pode dizer que a "flor" é uma planta agradável aos seres humanos. A margarida ou o dente-de-leão no gramado são flores ou ervas daninhas? Uma erva daninha é apenas uma planta no "lugar errado"?

Quem escolhe?

A filogenética é um modo de categorizar as coisas vivas que é muito útil para os biólogos. Mas será intrinsecamente mais válida do que agrupar as coisas por cor, tamanho ou ferocidade? Um cientista diria que as relações são intrínsecas: um tipo de animal deu origem a outro por meio da evolução, e só precisamos descobrir a relação certa.

Um artista pode agrupar alguns tipos de tartaruga com alguns tipos de gato por terem padrões semelhantes. Talvez isso também nos diga algo útil sobre os animais. Talvez ambos tenham desenvolvido esse padrão pela mesma razão (camuflagem, por exemplo). Ou talvez haja algo importante na beleza. Atualmente, priorizamos a ciência, mas isso não significa que a ciência nos dê um método de categorização que seja objetivamente "melhor" ou mais "verdadeiro" do que os outros.

CAPÍTULO 5

Chá ou Café?

Você escolhe ser a pessoa que é ou tudo sobre sua existência é preordenado?

Você acredita que é livre para escolher o que faz? Ou tudo é predestinado, até se você tomará chá ou café com seus Jaffa Cakes?

Livre-arbítrio e determinismo

A crença de que tudo é predestinado ou predeterminado se chama determinismo. Pode vir de uma posição religiosa ou espiritual ou de uma posição científica. O oposto do determinismo é o livre-arbítrio: somos inteiramente livres para agir como quisermos. Como não sabemos o que acontecerá, mesmo que seja predestinado, todos sentimos e agimos como se tivéssemos livre-arbítrio. Na verdade, a ilusão do livre-arbítrio parece essencial. Sem ela, ficaríamos paralisados pelo conhecimento de que nada que fizermos causará alguma diferença em como o futuro se desenrolará; sentiríamos que toda ação é inútil.

Na Grécia e na Roma antigas, as pessoas apelavam aos oráculos para revelar o futuro ou lhes dar orientações para agir. Isso indica que elas acreditavam que o futuro estava mapeado, mas não de forma irrevogável; era como se houvesse uma tendência forte de determinadas coisas acontecerem, mas que uma pessoa ainda pudesse intervir até certo ponto. Se não acreditassem nisso, não faria sentido providenciar sacrifícios e buscar orientação. Podemos ver talvez um paralelo mais recente na pessoa que descobre ter uma tendência genética à doença cardíaca e adota um estilo de vida saudável para minimizar o risco.

"A experiência nos diz com clareza que os homens se acreditam livres simplesmente porque são conscientes de suas ações e inconscientes das causas pelas quais essas ações são determinadas."

Baruch Espinosa, 1632-1677

No entanto, histórias como a de Édipo, que não conseguiu deixar de matar o pai e se casar com a mãe, mostra os seres humanos reduzidos a vermes que se contorcem no anzol do destino, incapazes de mudar uma vírgula. De que adianta conhecer o destino se não podemos fugir dele? Édipo é um personagem trágico e heroico porque se esforça para conseguir. Simpatizamos com sua posição terrível e admiramos o esforço que faz para evitar seu destino. Sua reação demonstra grandeza de espírito quando ele tenta fazer o que é certo contra todas as probabilidades. O que acontece pode não ser evitável, mas ele tem poder sobre quem é, e isso se manifesta no modo como se comporta.

Mas isso é totalmente verdade? Se tudo é predeterminado, talvez a luta inútil de Édipo também seja. Ou talvez haja um tipo de meio-termo: somos como trens que não podem se desviar dos trilhos, mas podemos afetar nosso progresso indo com velocidade maior ou menor e escolher transportar mercadorias ou passageiros.

Livre-arbítrio para pecar?

No contexto de uma religião que afirma que alguns serão salvos e outros, condenados, a questão do livre-arbítrio é importantíssima. Afinal de contas, se seu destino já estiver mapeado para você, de que adiantará seguir as regras? Não fará nenhuma diferença. O calvinismo, um ramo do cristianismo enraizado nos ensinamentos de João Calvino (1509-1564), assume essa posição. Ele afirma que o estado salvo/não salvo de cada pessoa é predeterminado. Essa é a doutrina da eleição. Todos nascem completamente pecadores e incapazes de redenção, a não ser pela graça de Deus. Deus já escolheu os eleitos, selecionados por toda a eternidade, e não há nada que possamos fazer para mudar nosso destino.

Ser um dos eleitos não depende dos atos nem dos pensamentos do indivíduo, mas de critérios que só Deus conhece. O mesmo paradoxo é comum ao islamismo: só aqueles que se voltarem para Alá serão guiados, mas Alá escolhe quem se voltará para ele. Parece que, se Deus escolheu o eleito e o escolheu por toda a eternidade, podemos realmente ser muito indulgentes conosco; afinal de contas, não vai fazer diferença nenhuma.

VISTO OU PREVISTO?

As religiões teístas como o cristianismo cultuam um Deus onisciente (que sabe tudo). Se esse Deus pode ver o que vai acontecer, isso significa que não estamos livres para agir como quisermos, que todas as nossas ações são decididas com antecedência? Afinal de contas, se Deus sabe que você vai comer um Jaffa Cake, será possível evitar? A resposta simples é "sim": Deus sabe, mas não ordena. Se você mudar de ideia e não comer o Jaffa Cake, Deus veria isso também. O filósofo Boécio (c.480-524/5 d.C.) explicou a diferença entre predestinação e previsão: como existe fora do tempo, Deus consegue ver tudo num presente eterno. O fato de ver não faz acontecer, assim com o nascer do Sol não causa esses eventos. Deus também consegue ver se as coisas acontecem por necessidade ou por livre-arbítrio. O Sol nasce por necessidade; tem de nascer, segue as leis da física, não há escolha envolvida. Mas a pessoa que caminha escolheu caminhar, e você só a vê caminhar porque ela escolheu livremente fazê-lo. Mas alguns deuses podem fazer mais do que prever. Os muçulmanos acreditam que tudo acontece pela vontade de Alá; em outras palavras, tudo é predestinado. Isso significa que você não tem de ser muito cuidadoso; se Alá quiser que você viva para ver outro dia, você ficará bem; e, se seu tempo acabou, não adianta usar capacete nem cinto de segurança.

Para os calvinistas, o Espírito Santo "leva graciosamente o pecador eleito a cooperar, a acreditar, a se arrepender, a buscar Cristo livremente e de bom grado". A tendência a beber, a jogar e a se entregar à luxúria é um sinal de não eleição, e os crentes se mantêm no caminho reto e estreito. É uma situação esquisita: os calvinistas seguem as regras para demonstrar algo que já aconteceu (que Deus os escolheu para a salvação).

A física e o livre-arbítrio

A física moderna sustenta que as leis físicas governam tudo o que acontece no universo, e as leis da física (provavelmente) não mudam com o tempo. Isso significa que, até o nível subatômico, toda ação e reação é previsível e inevitável. Na maior parte do tempo, realmente não podemos fazer a previsão, porque temos conhecimento incompleto e poder de computação inadequado para isso, mas mesmo assim a inevitabilidade física ainda está aí. Se acompanharmos isso da frente para trás, tudo o que aconteceu desde o Big Bang foi inevitável. Se repassarmos os últimos 13,8 bilhões de anos, exatamente as mesmas coisas voltariam a acontecer.

Num universo fisicalista, não passamos de matéria, como todo o resto da matéria, e nossos pensamentos e intenções resultam de mudanças químicas do cérebro. Tudo o que pensamos, fazemos e pretendemos também tem de seguir leis físicas e ser inevitável. Esse determinismo físico rouba da humanidade o livre-arbítrio. Só podemos afirmar o livre-arbítrio por meio de algum espírito animador não sujeito às leis científicas (ver o capítulo 6).

Liberdade e caos

A teoria do caos estuda a dinâmica dos sistemas sensíveis às condições iniciais, em que uma mudança minúscula no começo pode ter um efeito imenso mais adiante. Embora o resultado seja governado pelas leis da física e, teoricamente, seja previsível, as condições e cálculos são complexos demais para fazer previsões. O clima é um bom exemplo de sistema caótico: há tantas variáveis para levar em conta que uma previsão do tempo exata a longo prazo é impossível na prática, embora seja possível na teoria. Às vezes isso é ilustrado dizendo que o bater das asas de uma borboleta pode provocar uma tempestade a milhares de quilômetros.

> ***"Todos os eventos físicos são causados ou determinados pela soma total de todos os eventos anteriores."***
>
> Daniel Dennett, 1984

Como depende do efeito da mudança de uma condição inicial, a teoria do caos assume que, a qualquer momento, há mais de um estado possível. A borboleta pode ou não bater as asas; a noção de que há uma escolha sugere que nem tudo é predeterminado. Por outro lado, se todos os eventos futuros forem determinados por cada pequena escolha, onde fica o livre-arbítrio? Uma das respostas postula múltiplos universos, versões diferentes do universo que existem para todas as escolhas ou eventos possíveis, com os novos se ramificando em pontos infinitos — se você escolheu chá ou café, ficar na cama até tarde ou preferiu um presente em vez do outro, por exemplo.

O conceito de que o bater das asas de uma borboleta pode afetar um sistema climático distante tem sido usado com frequência para explicar a teoria do caos: a ideia de que tudo faz parte de um sistema complicadíssimo.

O que seu cérebro está fazendo?

Um experimento neurológico realizado em 2008 no Instituto Max Planck, na Alemanha, nos deu novas noções espantosas sobre a questão do livre-arbítrio. Os pesquisadores usaram um aparelho de ressonância magnética para medir a atividade cerebral de participantes que escolhiam se apertavam um botão com a mão esquerda ou direita. Ao observar a atividade do cérebro, os neurocientistas descobriram que podiam prever a escolha que o participante faria sete segundos antes que pensasse que tinha tomado a decisão. Disseram que isso indica que nossa sensação de escolher é um subproduto de processos subconscientes. Em outras palavras: não temos livre-arbítrio, mas o cérebro nos engana para pensarmos que temos.

A IMPORTANTÍSSIMA BORBOLETA

Em *Um som de trovão*, escrito em 1952 por Ray Bradbury, um viajante do tempo em visita à época dos dinossauros pisa sem querer uma borboleta. Quando volta ao mundo moderno, ele descobre que a morte acidental da borboleta transtornou o curso da história de maneira imprevista.

Como disse Baruch Espinosa 350 anos atrás, "os homens se acreditam livres simplesmente porque são conscientes de suas ações e inconscientes das causas pelas quais essas ações são determinadas".

Outras restrições

Mesmo que acreditemos que somos livres para agir, que nosso destino já não foi irrevogavelmente mapeado por uma divindade ou pelas leis da física, ainda sobram algumas restrições.

A liberdade de escolha pode nos ser negada de várias maneiras. Quem está na prisão tem suas escolhas restritas. Quem é paraplégico tem suas escolhas restritas. Quem vive na miséria absoluta tem escolhas restritas. Podemos levar essa ideia adiante e dizer que quem não teve boas oportunidades na juventude nem acesso à educação tem escolhas restritas, ou que alguém intimidado por um parceiro agressivo ou que teve o cérebro lavado por um regime opressor tem escolhas restritas. Nesse ponto, estamos dizendo que as forças que atuam sobre uma pessoa constituem a perda do livre-arbítrio?

Se a pessoa estiver destinada a realizar determinados atos, seja devido à química do cérebro, seja por plano divino, poderemos com justiça considerá-la responsável pelo que faz? Ou a escolha será só uma ilusão produzida pelo cérebro? É aceitável punir alguém por um ato que sempre seria inevitável e fora de seu controle?

Espaço para respirar

É claro que não podemos levar a vida supondo que não temos livre-arbítrio. Para que a sociedade funcione, temos de nos agarrar à crença de que somos livres para agir. Os tribunais supõem que as pessoas geralmente são livres para agir e responsáveis por suas ações. Não param para examinar a questão metafísica de alguém ser livre para fazer escolhas. Com base em indícios históricos, podemos ver que, quando as pessoas veem que há recompensas e punições, seu comportamento melhora. Mas é claro que pode ser que fossem sempre destinadas a agir assim...

Vários filósofos tentaram negociar algum espaço de manobra dentro do debate livre-arbítrio/determinismo. Como Dennett ressalta, se cedermos ao determinismo nos inclinaremos para o fatalismo e o desespero. Uma posição de meio-termo, o chamado compatibilismo, tenta abrir espaço suficiente para o livre-arbítrio para que a gente consiga se virar. Depende das pessoas agirem livremente, mas seguindo determinados motivos; assim, uma pessoa generosa estará livre para escolher a que instituição fará doações, mas *doará* a alguma delas. Como disse Arthur Schopenhauer, "o homem é livre para fazer o que quer, mas não para querer o que quer" (1839). Outros viram esse espacinho como ilusório — ou pior: "um subterfúgio miserável" (Immanuel Kant) ou um "atoleiro de evasão" (William James).

> ***O destino do homem está colocado dentro dele."***
>
> Jean-Paul Sartre, 1946

Liberdade demais

Os filósofos existencialistas do século XX adotaram um ponto de vista completamente oposto e deram às pessoas mais liberdade e responsabilidade do que a maioria quer. Nas palavras de Jean Paul Sartre (abaixo), estamos "condenados a ser livres".

De acordo com Sartre, nosso caráter é definido pelos atos, não o contrário. Nós nos fazemos começando de uma lousa limpa. Sartre não defende que todos temos as mesmas escolhas, mas afirmou que as que temos são feitas livremen-

te, mesmo que sejam feitas à força. Não podemos dizer "não tive escolha" porque sempre há escolha, mesmo que uma das opções nos seja inaceitável — morrer em vez de fazer o que o assaltante manda, por exemplo. Não se pode jogar a culpa de nada em Deus (que não existe, embora possamos escolher acreditar nele) e não se pode jogar a culpa em nenhuma predisposição da personalidade, porque nós mesmos as forjamos com as decisões anteriores que tomamos.

Fugir da responsabilidade por nossas escolhas é nos enganar.

CAPÍTULO 6

Existe um Fantasma na Máquina?

Que parte sua é verdadeiramente "você"?

A maioria das culturas do mundo acreditou por muito tempo que a essência da humanidade é ter um corpo habitado por algum tipo de espírito. Pode ser um espírito com importância religiosa especial — um fragmento do deus supremo ou de algum espírito universal, por exemplo. Ou pode ser algo mais próximo da mente, ou consciência, sem nenhum elemento sobrenatural. O espírito pode ser eterno ou se dissipar quando o corpo morre, ou até permanecer no éter como fantasma. Alternativamente, há a possibilidade de que esse modelo esteja errado e não haja nenhum espírito animador especial.

> ***"Estou presente em meu corpo, não meramente como o marinheiro está presente em seu navio, mas [...] estou intimamente unido e, por assim dizer, misturado a ele, tanto que formo uma única coisa com ele."***
>
> René Descartes, *Meditações sobre filosofia primeira* (1641)

Linha divisória

Platão acreditava que a alma, quando num corpo, estava em exílio temporário do reino das formas, presa e limitada em seu potencial. Do mesmo modo, para o religioso, a alma frequentemente é uma prisioneira no corpo, ansiando pela bondade ou por Deus, mas arrastada para baixo por impulsos vis para satisfazer os desejos físicos do corpo. A tensão entre os dois, com a alma sempre como o lado mais nobre, caracteriza tipicamente a relação entre eles.

Estimulado pelo interesse crescente pela ciência e pela mecânica no Iluminismo, René Descartes propôs que o corpo humano seria uma máquina biológica complexa controlada por um espírito. Mais tarde, essa teoria foi apelidada de "o fantasma na máquina". A princípio, parece bastante intuitivo: sabemos que há uma parte nossa que pensa, sonha, tem esperanças e experiências e se sente separada da parte que respira ou corre escada acima. Essa separação nossa em duas partes — a física e a espiritual ou mental — se chama dualismo. Mas há problemas nessa separação intuitiva.

A alma como prisioneira do corpo é uma imagem conhecida. Neste mosaico bizantino, a alma encarnada é uma ave engaiolada.

Mente e corpo

Obviamente, o corpo causa impacto na mente ou espírito. Quando ficamos aborrecidos, há uma manifestação física, com lágrimas ou mudança da respiração. Quando nos ferimos, sentimos dor que pode tirar tudo o mais da mente. Dividimos movimentos físicos em atos conscientes e inconscientes e reconhecemos a diferença entre a ação involuntária do coração que bombeia sangue e a ação escolhida de abraçar uma criança. Embora saibamos quais partes do cérebro e do sistema nervoso estão envolvidas em bombear sangue ou abraçar, não sabemos onde localizar a parte que nos dá vontade de abraçar a criança.

Descartes achou ter encontrado o espírito na glândula pineal, uma pequena estrutura enterrada no fundo do cérebro. Não foi o primeiro; os antigos chineses chamavam a glândula pineal de "Olho Celestial" e, no hinduísmo, ela é a "janela de Brahma". Ainda assim, Descartes não conseguiu explicar como a alma completamente não física poderia causar efeitos no corpo ou no mundo físicos. Esse continua a ser o problema do dualismo cartesiano: como algo sem presença material tem impacto físico ou é afetada pelo que é físico?

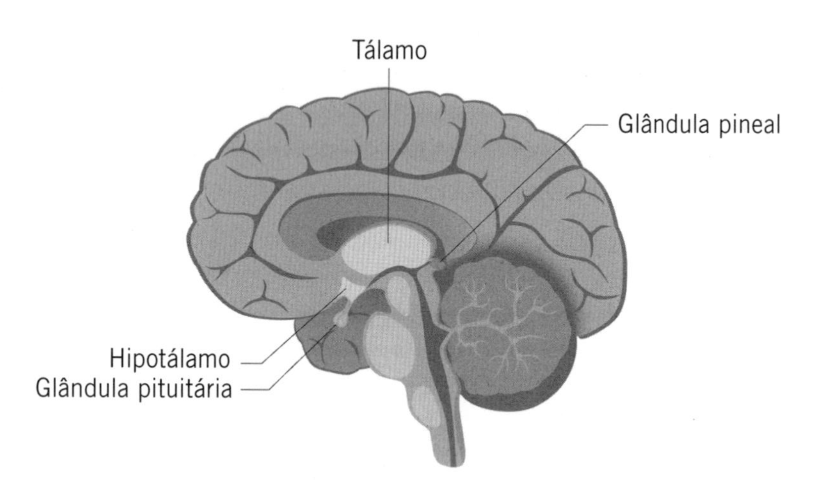

Sem alma?

Uma coisa não é necessariamente verdadeira só porque parece sensata nem porque muita gente acredita nela (ver o capítulo 25), e talvez não haja realmente uma divisão entre corpo e alma.

Maurice Merleau-Ponty, filósofo francês do século XX, rejeitou a divisão corpo/alma de Descartes. Ele considerava puramente biológica a entidade humana como um todo: "Sou meu corpo". Bertrand Russell negava a existência de um espírito ou alma e dizia que a mente constitui simplesmente uma coletânea de eventos mentais — lembranças, pensamentos e experiências.

O filósofo britânico Gilbert Ryle (1900-1976) argumentava que a sensação de divisão entre mente e corpo surge pelo modo como usamos a linguagem para descrever o lado físico e o espiritual separadamente.

O filósofo americano Daniel Dennett defende que todos os aspectos de caráter, pensamento, personalidade e consciência são efeitos da neurologia, totalmente criados e determinados pela bioquímica do cérebro e do corpo. Se nada distingue a mente do corpo, isso indica que não há nada especial nos seres humanos que os distinga dos outros animais. Dennett vai além e diz que não há nada especial nos seres vivos; um computador que pareça inteligente é inteligente. Ele vê o fantasma numa máquina literal (embora não seja um fantasma, mas um artefato).

O cérebro é consciente, assim como a água é molhada

O filósofo americano John Searle vê a consciência como uma "propriedade emergente": algo que se desenvolve quando neurônios suficientes se reúnem. As propriedades emergentes só podem ser percebidas quando se junta muito de alguma coisa. O molhado da água é uma propriedade emergente; uma única molécula de água não é molhada, mas a água *en masse*, é. Do mesmo modo, provavelmente um único neurônio não é consciente, mas um grupo deles produz consciência. Searle considera a consciência um efeito inteiramente físico, produzido pela neuroquímica do cérebro, e não remotamente mística ou "outra".

Onde começa?

Quer adotemos a visão neurológica da parte consciente e pensante do ser humano, quer prefiramos a visão espiritual, a questão é de onde ela vem e quando começa. Em muitas religiões, a mitologia explica, com a alma entrando no corpo no nascimento ou em algum momento antes dele.

Como sabemos, os seres humanos atingem um elevado nível de consciência; então quando, no desenvolvimento do indivíduo, a alma surge? Essa é uma pergunta mais urgente do que parece a princípio, já que qualquer resposta teórica deveria configurar nossa opinião sobre o tratamento dos pré-nascidos, incluindo exames, procedimentos médicos e, mais obviamente, o aborto.

Três semanas depois da fertilização do óvulo humano, o cérebro e a medula espinhal do embrião começam a se desenvolver. É nesse momento que, se a consciência for uma propriedade emergente da atividade neural, o novo ser humano poderia começar a ser consciente. Às vezes, bebês nascidos com cerca de 22 semanas de gestação sobrevivem, então talvez isso estabeleça um limite superior ao desenvolvimento da consciência.

Não é só o desenvolvimento do ser humano individual que levanta uma pergunta difícil. Se o espírito ou consciência não for humano e especial, quando, na evolução, ele começa a existir? Quantos neurônios precisam estar presentes para a consciência começar? Podemos supor que haja gradações de consciência. Talvez outros mamíferos sintam prazer ou expectativa. Mas poucas pessoas imaginam, digamos, impalas ou jacarés ponderando a natureza do mal, se perguntando se há vida após a morte ou desenvolvendo o cálculo diferencial (não que tenhamos alguma prova de que não façam tudo isso, é claro; veja o Capítulo 13).

TER UMA ALMA PODE SALVAR SUA VIDA

Em muitas sociedades, a consciência traz consigo direitos e responsabilidades. Na assistência médica, indícios de consciência num paciente são razão suficiente para mantê-lo vivo com auxílio artificial. Em algumas jurisdições, pessoas que cometem crimes dormindo não são consideradas responsáveis por suas ações.

No passado, a loucura era considerada um transtorno da alma ou a presença de um demônio. O oposto disso — quando a presença poderosa da alma produz o frenesi religioso — era considerado muito especial (embora às vezes mal entendido). A prática jurídica atual permite a alegação de redução da responsabilidade quando a doença mental nubla o juízo de alguém.

CAPÍTULO 7

Quem Você Pensa Que É?

Você é definido pelos genes ou por seu emprego? Há alguma coisa estável que seja a identidade?

Há muito tempo, "você não é o homem/mulher com quem me casei" tem sido o grito do cônjuge num casamento fracassado. "Ele não é metade do homem que era" é uma frase que às vezes se diz de alguém desgastado pela doença ou que sofre o declínio da meia-idade. Somos quem éramos? E quem éramos, aliás, quando esse "éramos" aconteceu? O que é a coisa que chamamos de "eu"?

Ossos e barcos

O corpo humano é feito de vários tipos de células. Elas não duram os oitenta a cem anos que esperaríamos; desgastam-se e são substituídas, algumas com muita frequência. Na verdade, você perde milhões de células a cada segundo. As células que revestem o intestino levam uma baita surra, porque são banhadas de ácido e bombardeadas com alimentos semidigeridos o tempo todo; uma célula do cólon só dura uns quatro dias. As células do lado externo do intestino, distantes de todo aquele ácido, podem durar até dezesseis anos. E há algumas células que, quando se vão, é para sempre. Os neurônios da maioria das áreas do cérebro nunca são substituídos, portanto não é boa ideia matá-los com bebedeiras. Mas essas são exceções raras; pouquíssimo de você é o "você" que havia em seu nascimento.

O historiador e ensaísta grego Plutarco, do século I, abordou a questão da mudança e da permanência com o paradoxo do navio de Teseu. Conforme se desgastaram, partes do navio foram substituídas por peças idênticas. Quando o mastro quebrava, um mastro novo era instalado. Quando as velas rasgavam, novas velas eram costuradas, e assim por diante. Finalmente, nenhuma das peças originais permaneceu. Ainda era o mesmo navio? Se alguém fizesse um segundo navio usando todas as peças de reposição enquanto o primeiro navio era novo e funcional, nunca acharíamos que o segundo navio era o mesmo que o primeiro (coexistente). Duas coisas não podem ser a mesma coisa. De certo modo, a substituição lenta dos componentes torna a pergunta significativa. Se o navio consertado não é o mesmo navio original, em que momento deixou de ser?

Mente e tempo

Geralmente, não pensamos em nós como uma coletânea de tecidos corporais feitos de células. A maioria considera sua identidade algo nebuloso, espiritual, que tem a ver com a consciência ou até uma alma (ver o capítulo 6) — algo que é o "eu".

O filósofo inglês John Locke (1632-1704) localizou a identidade inteiramente na mente pensante, que perdura no tempo e tem consciência de si. Ele acreditava que a mente do bebê recém-nascido era uma *tabula rasa*, ou lousa em branco, na qual a identidade e o conhecimento eram escritos pela experiência enquanto a criança se desenvolvia (ver o capítulo 3)

> ***"[O eu é] aquela coisa pensante consciente (seja qual for a substância, se espiritual, material, simples ou composta, não importa) que é sensível ou consciente de prazer e dor, capaz de felicidade ou sofrimento, e assim preocupada consigo até onde essa consciência alcançar."***
>
> John Locke, 1689

Parece fazer sentido, porque conseguimos conceber que ainda existimos como o mesmo "eu" mesmo que soframos um acidente horrível e só sobrevivamos como cérebro (ou

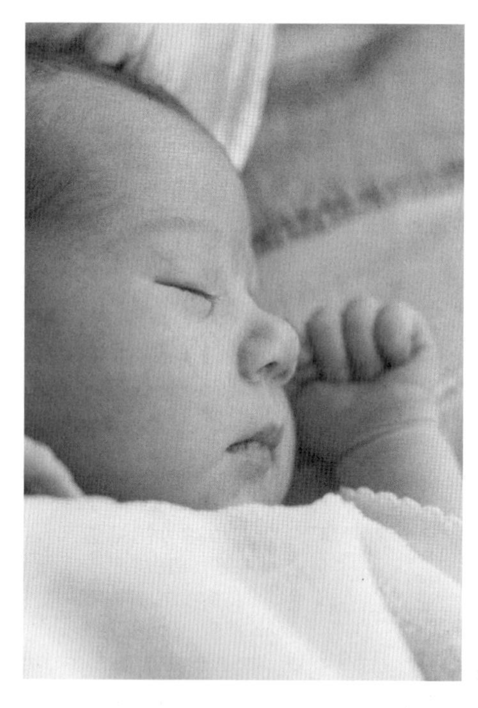

A ideia da mente do bebê como lousa em branco na qual a educação e a identidade seriam escritas mais tarde pode ser rastreada até Aristóteles.

mente) num corpo inteiramente protético. Mas o filósofo escocês Thomas Reid (1710-1796) achou a descrição de Locke simplista demais. Se nossa identidade está enraizada na experiência passada, argumentou, o que acontece se esquecermos essa experiência? Reid imaginou o argumento do "bravo oficial" para demonstrar a questão:

"Suponhamos que um bravo oficial foi açoitado quando menino na escola por roubar um pomar, tomou o estandarte do inimigo em sua primeira campanha e foi promovido a general na vida avançada; suponhamos também, o que pode ser admitido como possível, que, quando tomou o estandarte, estava consciente de ter sido açoitado na escola e que, quando promovido a general, estava consciente de ter tomado o estandarte, mas perdera absolutamente a consciência do açoitamento."

TUDO MUDA — OU NÃO?

Antes de Plutarco se preocupar com o navio que muda, Zeno, outro distribuidor de paradoxos, afirmou que não pode haver nenhuma mudança. Ele descreve o voo de uma flecha lançada por um arco. A cada momento, a flecha ocupa um ponto no espaço; não está se movendo dele nem para ele. O fluxo do tempo é formado de momentos, um depois do outro, mas a flecha não está se movendo em nenhum deles; portanto, nunca pode se mover (e, do mesmo modo, nada jamais pode mudar). Hans Reichenbach, filósofo alemão da ciência, sugeriu que isso só acontece se considerarmos o espaço e o tempo como diferentes, mas, se seguirmos a teoria da relatividade geral de Einstein, que propõe um espaço-tempo único e contínuo, o paradoxo de Zeno talvez não surja.

De acordo com Locke, o general tem de ser a mesma pessoa que o bravo oficial, e o bravo oficial tem de ser a mesma pessoa que o menino, pois o menino e o oficial estão ligados pela continuidade da consciência, assim como o oficial e o general. Mas, como não há conexão psicológica entre o general e o menino, eles não são a mesma pessoa. O argumento de Reid mostra a contradição inerente à definição de Locke, porque o general tanto é quanto não é a mesma pessoa que o menino açoitado na escola.

Os filósofos existencialistas do século XX viam o eu como uma obra em andamento, constantemente definida e redefinida por suas ações. Isso reflete a teoria psicológica de que a personalidade é influenciada pelas experiências passadas, inclusive algumas que esquecemos. Mas, ao contrário dos psicólogos, os existencialistas rejeitavam qualquer sugestão de que possamos responsabilizar nossa formação genética ou a experiência passada pela pessoa que nos tornamos. Sartre defendia que a maioria entendeu tudo errado: não agimos "pelo caráter", mas para "formar" nosso caráter. Quem age de forma egoísta é uma pessoa egoísta — mas pode se redefinir se amanhã agir de forma altruísta. Não há necessidade nenhuma de continuidade da consciência; o caráter é cumulativo, construído na sequência de ações que nos trouxe ao momento presente.

Livrar-se do eu

Vimos que, para muitos filósofos, há a necessidade de localizar a identidade em algum ponto separado do corpo. Mas, para o filósofo escocês David Hume, o eu não passa de um feixe de percepções; não tem unidade nem, realmente, nenhuma existência. Para ele, todo o conceito de eu era uma ficção. Até a palavra "feixe" sugere alguma unicidade, alguma reunião. Parece que é impossível falar de seres humanos e erradicar o eu da linguagem que usamos. Para Hume, o eu era um tipo de comunidade de experiências, com partes e pedaços entrando e saindo constantemente — como o navio de Teseu, mas em forma não física. Daniel Dennett concorda com Hume que o corpo e suas percepções são tudo o que temos. Para ele, o eu existe nas conexões neurais do cérebro e nada mais: é só uma conveniência que nos ajuda a falar de nós.

Algumas filosofias orientais veem o eu como uma percepção errônea produzida pelo corpo que mascara a realidade de que fazemos parte de um todo maior. Nessas tradições, a existência do eu é uma ilusão da qual é melhor nos livrarmos o mais depressa possível, já que ela atrapalha a iluminação.

CAPÍTULO 8

Coisas Ruins Acontecem... Por Quê?

Por que a vida é cheia de dor e sofrimento? O universo é insondável ou apenas indiferente?

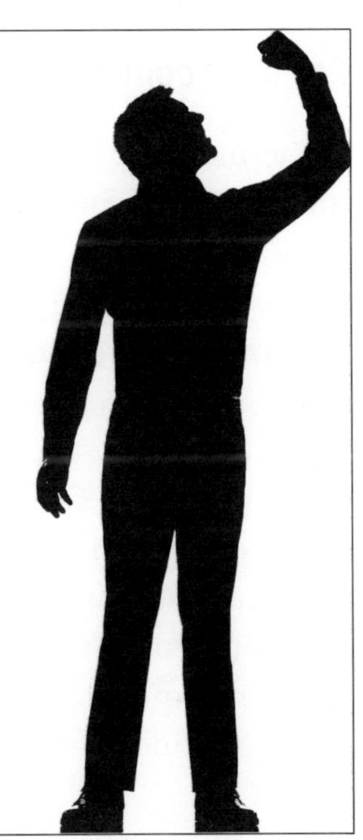

Na vida, podemos enfrentar infortúnios e, às vezes, eventos verdadeiramente terríveis. Uma reação natural ao infortúnio avassalador é perguntar "por que eu?" ou "por que isso tem de acontecer?" Essa é a ponta fina da cunha. O lado mais grosso é "por que *qualquer coisa* acontece?", mas raramente as pessoas param e perguntam por que coisas boas acontecem.

Nos círculos filosóficos, "por que coisas ruins acontecem" faz parte do "problema do mal", um dos argumentos mais cativantes contra a existência de Deus. Os termos básicos foram dados por Epícuro, que perguntou, no século III a.C.: "Deus se dispõe a prevenir o mal, mas não é capaz? Então não é onipotente. É capaz, mas não se dispõe? Então é malévolo. É tanto capaz quanto disposto? Então como o mal pode existir?"

Por quê? contra Por que não?

Em termos amplos, há duas respostas possíveis à pergunta "por que coisas ruins acontecem?"

- Acontecem por causa de um propósito maior
- Acontecem sem razão nenhuma.

A primeira resposta precisa de algo ou alguém "por aí" que crie o propósito. Chamemos de Deus esse algo criador de propósitos — um ser supremo e todo-poderoso. A segunda resposta é mais difícil de processar. Quando a vida vai bem, você consegue se virar sabendo que coisas ruins acontecem sem razão; quando não, você pode cair na espiral da inutilidade, sentindo-se impotente e aterrorizado.

O propósito maior

No centro de muitas religiões há a crença de que uma deidade controladora tem algum Plano Grandioso que, se pudéssemos vislumbrá-lo, explicaria por que tudo acontece. As religiões tendem a sugerir um Deus que é bom; não haveria muito consolo com um Deus mau. Mas por que um Deus que é bom permite que coisas ruins aconteçam?

Se Deus é benévolo, sugere-se que haja um lado bom escondido atrás até das piores coisas ou que as coisas que consideramos ruins talvez na verdade não sejam; só parecem ruins, porque não vemos o quadro maior que deixaria tudo claro. Ou talvez Deus use a adversidade para nos testar e/ou nos dar uma oportunidade de crescimento espiritual. (Talvez você considere isso um lado bom.)

A versão do Ministério da Verdade: ruim é bom

No romance *1984*, de George Orwell, publicado em 1949, o Estado totalitário tem o Ministério da Verdade, que define o que é "verdade" ou não. "Ruim é bom" bem poderia ser um de seus lemas. Santo Agostinho argumentou que Deus tira o bem do mal: "Por ser o bem supremo, Deus não permitiria que nenhum mal existisse em Suas obras, a menos que Sua onipotência e bondade sejam tais que tirem o bem até do mal."

Não é um argumento filosófico robusto, porque começa com o pressuposto de que Deus "não permitiria que nenhum mal existisse" e o usa para justificar a ideia de que, portanto, o mal não é realmente mau. Se pudéssemos ver as coisas do ponto de vista de Deus, ficaria claro que as coisas ruins não são realmente ruins, mas fazem parte de um bem maior. Infelizmente, não podemos ver as coisas do ponto de vista de Deus, e precisamos aceitar isso sem provas, o que talvez seja difícil.

Às vezes, amigos bem-intencionados farão observações como "Deus não nos dá um fardo que não possamos carregar" ao saber dos infortúnios de alguém. (Essa é uma inverdade tão clara e patente que espanta alguém dizer isso.) Baseia-se na ideia de que alguém ou algo cria testes e dificuldades, talvez para nos fortalecer.

Thomas Malthus (1766-1834), clérigo e teórico político britânico, acreditava que o mal existia como um incentivo à ação, forçando-nos a encontrar jeitos de evitá-lo ou corrigi-lo: "O mal existe no mundo não para criar desespero, mas atividade."

Deus não está olhando

É claro que pode haver um Deus com um plano grandioso, mas sem nenhum interesse nos seres humanos individualmente. Esse plano pode envolver, por exemplo, criar uma raça de seres para usar com propósitos experimentais. Assim como os biólogos criam cepas de moscas-das-frutas para fazer experiências de genética, as pessoas seriam criadas como parte de algum experimento de ciência cósmica. Nesse caso, não haveria nenhum propósito específico para o sofrimento de indivíduos ou grupos; isso seria apenas algo que surge ou é provocado no decorrer do experimento.

Por outro lado, Deus talvez não queira ou não possa intervir nos assuntos humanos. É possível que Deus tenha posto o universo em movimento, mas agora ele funcione sozinho. Essa visão de Deus como algo parecido com um relojoeiro divino foi proposta por Isaac Newton e outros. Se o mundo funciona automaticamente seguindo suas leis, as coisas acontecem porque são consequência de outras coisas que aconteceram ou por causa de alguma falha de projeto; não há propósito determinado e específico. A situação é bem parecida com a inexistência total de Deus.

Outra possibilidade sugerida pelos que se desiludiram com algum evento mas ainda se agarram à ideia de um Deus é que este é indiferente ao destino dos seres humanos ou ativamente malévolo. Não há nenhuma boa razão para que isso não seja verdade, porque a probabilidade de um deus malévolo existir é exatamente a mesma de um deus benévolo.

Acontece o mínimo possível de coisas ruins

Em 1710, Gottfried Leibniz propôs um ponto de vista conhecido como otimismo. Em termos filosóficos, otimismo não significa acreditar que todos os copos meio vazios estão meio cheios; significa otimalismo — que tudo é tão bom quanto possível. Deus criou o mundo ótimo, o melhor de todos os muitos mundos possíveis que poderia ter criado. É como se Deus tivesse as mãos amarradas. Gostaria de criar um mundo sem mal, sem fome e sem mosquitos que transmitem malária, mas, por uma razão ou por outra, não pode. Então, temos o mundo como ele é. E podemos ficar tranquilos, porque não poderia ser melhor do que isso.

Esse ponto de vista é satirizado por Voltaire em sua novela *Cândido*. É fácil ver que pequenos males ou inconveniências podem ser a melhor alternativa a um mau destino. Mas é difícil olhar para trás na história e imaginar que haveria alternativas piores a eventos como o Holocausto ou a Peste Negra.

É tudo culpa sua

> ***"O que para os garotos são as moscas, somos nós para os deuses: matam-nos por brinquedo."***
>
> William Shakespeare, *Rei Lear*, Ato IV, Cena 1

Algumas religiões orientais propõem que renascemos várias vezes, com almas que se esforçam para avançar rumo à iluminação (ver o capítulo 13). Algumas coisas que nos acontecem nesta vida são consequências de nosso comportamento em encarnações anteriores. Como não podemos nos lembrar delas, a punição é completamente dissociada do crime.

O MELHOR DE TODOS OS MUNDOS POSSÍVEIS?

No conto satírico de Voltaire, o jovem Cândido aprende com Pangloss, seu tutor otimista e com tendências filosóficas, que "tudo é para melhor neste melhor de todos os mundos possíveis". Cândido sofre dificuldades e crueldades terríveis, que o levam a questionar o ensinamento do tutor. Ele sobrevive às provações e finalmente obtém a paz de espírito numa vida simples não atrapalhada por noções de idealismo. O comentário cáustico de Voltaire sobre os males sociais de sua época demonstra o risco de seguir às cegas as crenças filosóficas dos outros.

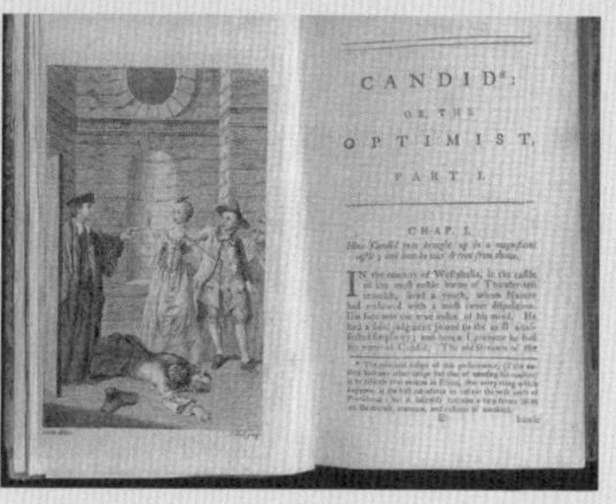
CANDID*:
OR, THE
OPTIMIST.
PART I.
CHAP. I.

Não há razão

Demócrito, que escreveu nos séculos IV e V a.C., disse que tudo o que acontece é causado pelo comportamento dos átomos. Essa ideia extraordinariamente moderna é apoiada pela física quântica, que diz que, como tudo no universo segue as leis da física, que foram e sempre serão as mesmas, tudo seria previsível, se tivéssemos conhecimento suficiente para prever. As coisas boas e ruins, portanto, são inevitáveis (ver o capítulo 5). A inevitabilidade física não é um propósito, é uma descrição de como as coisas acontecem.

Se tudo não for inevitável, se não houver deidade controladora e se você não tiver de expiar coisas que fez numa encarnação anterior, ficamos com a conclusão desconcertante de que as coisas acontecem porque acontecem. Não há destino controlador, nenhuma justiça abrangente, o mundo não se importa com o que nos acontece. A vida não é justa... e é ilógico de nossa parte esperar que seja.

CAPÍTULO 9

O Que Vai, Volta... Será?

O bem (ou o mal) retorna para quem faz o bem (ou o mal)?

Quando alguém é rude, consola pensar que "o que vai, volta"; em outras palavras coisas ruins acontecem a quem nos desrespeita ou maltrata. Mas haverá alguma base nessa crença?

O conceito de carma

O carma tem sua origem no hinduísmo. O significado literal é "ato" ou "feito", mas também tem relação com um sistema de ações e consequências. O princípio geral do carma é que, se praticarmos boas ações, teremos boa sorte e, se praticarmos más ações, sofreremos. É uma doutrina difusa de causa e efeito que, em vez de relacionar uma ação diretamente com seus efeitos, tem o bem e o mal espalhados no decorrer do tempo. Uma ideia parecida da fé cristã é: "o que semeardes, colhereis" (Gálatas: 6, 7).

Nesse alto-relevo de um templo jainista em Ranakpur, na Índia, os nós representam as leis interligadas do carma.

Na linha das crenças hinduístas sobre reencarnação, o carma se refere tanto à encarnação anterior quanto a nossas ações como ser humano na encarnação atual. A ideia é que, se você foi bastante bom em geral — como vive agora e talvez, anteriormente, como caramujo, panda, água-viva ou o que for —, colherá a recompensa tendo uma vida bastante boa. O resultado útil é que, se você for um ser humano realmente bom no aqui e agora mas estiver passando por uma fase terrível de azar, talvez esse seja o castigo por seu péssimo comportamento anterior como ser humano, caramujo, panda ou água-viva.

Há diversas versões de carma. Algumas religiões, como o hinduísmo, têm uma divindade que cuida do carma; outras fazem dele uma doutrina secular de causa e efeito. O mau carma é uma substância negra que se acumula em outras dimensões enquanto passamos por várias vidas. Só podemos nos iluminar se nos livrarmos do mau carma. Como ficar doente gasta o mau carma, alguns fiéis não tomam remédios. No jainismo, o mau carma pode ser produzido simplesmente por maus pensamentos; nem é preciso pôr nada em prática.

Não balance o barco

Friedrich Nietzsche, filósofo alemão do século XIX, consideraria a crença no carma uma "religião de escravos", porque mantém as pessoas subjugadas. Se agirem bem, podem esperar uma recompensa mais tarde; se coisas ruins lhe acontecerem, elas mesmas as causaram numa vida anterior. Não há nenhum incentivo para se esforçar para ser mais bem tratado (o mau tratamento é até uma bênção divina, pois ajuda a eliminar o mau carma) e há muito incentivo a ser obediente, submisso e bom.

Outras religiões são da opinião de que sofrer no presente será recompensado pela bem-aventurança após a morte e que aqueles que gozam de prazeres mundanos pagarão caro por isso no outro mundo. É um sistema parecido de toma lá, dá cá, mas, como na reencarnação, a consequência fica bastante separada do ato e não é verificável.

Virada rápida

Na sabedoria popular, "o que vai, volta" desenvolveu um significado muito mais concentrado a curto prazo: quando nos comportamos bem com os outros, seremos bem tratados em troca, e se nos comportarmos mal com os outros, mais cedo ou mais tarde sofreremos por isso. O pensamento pode ser consolador e, sem dúvida, contém alguma verdade. Os que maltratam os outros com persistência têm mais probabilidade de receber um tratamento desagradável, porque somos mais bondosos com quem é bondoso conosco. Mas não é uma verdade universal. Conhecemos pessoas que se comportaram mal com uma série de parceiros e ainda conseguem encontrar mais um, ou pessoas que perseguem colegas no local de trabalho e, mesmo assim, prosperam e têm até amigos.

Nós nos agarramos à ideia de justiça mesmo quando não a encontramos manifesta no mundo. Quando sofremos, a "justiça" parece consistir em que os outros também sofram ou que gozemos de melhor sorte depois, e tentamos racionalizar esses desejos.

> ***"Os filósofos dizem que a Fortuna é insana, cega e burra e ensinam que ela está de pé sobre uma rocha esférica que rola; afirmam que, contudo, sempre que o acaso empurra a pedra, a Fortuna cai naquela direção. Eles repetem que ela é cega por essa razão, pois não vê para onde vai; dizem que é insana porque é cruel, excêntrica e instável; burra porque não distingue os dignos dos indignos."***
>
> Pacúvio, 220-130 a.C.

A roda da Fortuna

Em *O consolo da filosofia*, Boécio, filósofo romano do século V, descreveu a natureza aleatória dos eventos mostrando a figura alegórica da Fortuna (sempre uma mulher) girando uma roda gigantesca, como uma roda-gigante de parque de diversões, na qual há seres humanos amarrados. Às vezes as pessoas estão no alto (gozando de boa sorte), mas inevitavelmente virá a queda no infortúnio: "tudo o que sobe tem de descer". Os caprichos da Fortuna se tornaram um tropo popular na Idade Média, embora tenha sido encontrado primeiro em Roma, no século II a.C.

> ***"A Fortuna é mais amigável e atraente aos que se esforça para enganar, até que os domine com pesar insuportável, desertando-os quando menos esperavam [...]Está tentando resistir à força de sua roda giratória? Ah! mortal de pouca inteligência, se começar a ficar parada, a Fortuna não será mais a Fortuna."***
>
> Boécio, 524 d.C.

A Roda da Fortuna não recompensa nem pune as pessoas de acordo com a conduta anterior. Em vez disso, a Fortuna é caprichosa na elevação e na destruição, só que o padrão de uma roda que gira significa que quem está no alto sempre cairá e os que estão embaixo sempre subirão. E a Fortuna pode girar a roda com a rapidez ou lentidão que quiser.

Quem gira a roda?

Quem acredita num Deus intervencionista pode se tranquilizar com a ideia de que alguém distribui as recompensas e punições exigidas pelo carma. Quem não acredita que Deus se interesse, há apenas o mecanismo de causa e efeito para punir os que se comportam mal e recompensar os que agem bem; ou algum tipo de ato de equilíbrio espiritual na linha do carma hinduísta original, pensado em termos do ciclo da água — perpétuo, natural e desinteressado de seu impacto sobre os indivíduos.

Também podemos adotar o ponto de vista de que não há padrão. Fora da arena limitada das interações humanas, há pouco em termos de causa e efeito. Há atos imprudentes ou cautelosos que podem afetar nossa probabilidade de obter resultado bom ou mau, mas ninguém pode garantir a própria fortuna. Você pode ter câncer, sofrer um acidente ou perder um ente querido em qualquer momento da vida, sem nenhuma culpa sua. Pode sofrer todos esses eventos num ano só... ou nunca. Do mesmo modo, pode se apaixonar, ganhar na loteria e ser indicado para o prêmio Nobel, tudo no mesmo ano.

É ABSURDO

A noção filosófica de absurdo está ligada à busca humana de significado diante de um universo que, em última análise, não tem significado nenhum. Ela começou com a obra do filósofo sueco Søren Kierkegaard e do existencialista francês Albert Camus (abaixo). Assume posição inteiramente contrária à do carma ou da roda da Fortuna e não permite padrão no que nos acontece além das causas e efeitos físicos. Portanto, se for generoso com idosos e gentil com os vizinhos, você terá a mesma probabilidade de ter câncer ou de cair de um penhasco do que se roubasse os idosos e explodisse a casa dos vizinhos. Então, por que ser uma pessoa boa? Talvez porque isso faça você se sentir feliz por si só.

CAPÍTULO 10

Um iPhone Novo Vai Deixá-lo Feliz?

A felicidade pode ser encontrada na compra de coisas? É possível ser verdadeiramente feliz?

O que o faz feliz? Comprar artigos de luxo, como um carro caro? Ficar deitado na praia, tomando um coquetel? Tocar música? Ajudar os outros? A busca da felicidade é uma meta humana perene. Mas o que verdadeiramente nos deixa feliz e como atingi-lo?

Precisamos ter clareza do que queremos dizer com "felicidade". Na filosofia, a felicidade pode significar bem-estar, uma vida bem vivida (na opinião de quem a vive) ou um estado de espírito.

Qual delas é feliz? Qual tem uma boa vida?

PRIMEIRO, DEFINA "FELIZ"

Abigail trabalha numa instituição de socorro em desastres. Passa os dias ajudando a remontar a vida de pessoas que perderam tudo. Vive na pobreza e muitas vezes vai se deitar exausta e traumatizada pelo que viu. Mas seu trabalho salva vidas. Ela considera que vive bem e não mudaria o que faz.

Joana gosta de assistir a *reality shows* na TV. Fica deitada no sofá assistindo à TV e comendo rosquinhas, seu petisco favorito. Tem dinheiro suficiente para fazer isso com a frequência que quiser. Nunca passa fome e nunca tem de trabalhar; nunca pensa nas dificuldades dos outros e vai para a cama contente toda noite.

Razões para ser alegre...

Quando perguntam como podem ficar felizes, geralmente as pessoas não querem dizer um surto rápido de bem-aventurança; querem saber como levar uma vida satisfatória e/ou que se encaixe em sua ideia de viver bem. Isso é bastante subjetivo, pois todos temos ideias diferentes do que seria "viver bem". Uma vida cheia de prazeres não é necessariamente o mesmo que uma vida bem vivida. Há pelo menos três rotas para a felicidade: a hedonista envolve muitas experiências prazerosas; a da satisfação envolve sentir-se satisfeito com o modo como anda sua vida; a do estado emocional envolve sentir-se apoiado ou florescendo emocionalmente.

Vinho, mulheres e canções

O ponto de vista hedonista encontra a felicidade em experiências prazerosas. Ele é visto pela primeira vez nos ensinamentos de Aristipo de Cirene (*c.* 435-*c.* 356 a.C.). Os cirenaicos consideravam que o prazer era o único bem, e seu caminho era se entregar a todos os prazeres disponíveis sempre que possível. Eles usavam uma certa medida de juízo e consideravam que alguns prazeres levavam quase imediatamente à dor, que deve ser evitada. Nem um cirenaico pularia do alto de um prédio pelo prazer passageiro de voar. Em geral, contudo, valorizavam os prazeres físicos acima dos mentais ou espirituais, e se você imaginou uma noite louca na Grécia Antiga, Aristipo seria seu homem.

Epícuro (341-270 a.C.) tinha um ponto de vista mais comedido. Promovia as virtudes da boa comida, do vinho, da música e de outros prazeres sensuais como fonte de felicidade, mas avisava que a indulgência não deveria ser indiscriminada nem irrestritamente hedonista. Seu nome nos chegou no adjetivo "epicurista", que significa alguém que aprecia bons jantares e a boa vida. Ao contrário do cirenaico, o epicurista tem bom gosto e refinamento. Epícuro tinha prazer com a moderação. Seu gosto pessoal era bastante modesto: bebia água, comia principalmente legumes e verduras plantados em casa e vivia num tipo de comuna com amigos. Isso lhes permitia muitas conversas inteligentes e empáticas e os libertava de ter de fazer trabalho desagradável para pessoas de quem não gostassem em Atenas — meio que um idílio *hippie*, na verdade.

Epícuro pensou seriamente na felicidade. Depois que a necessidade física de comida, abrigo e saúde fossem satisfeitas, ele considerava que os "bens" necessários para a felicidade eram a amizade, a liberdade e o pensamento (estímulo intelectual e conversa). Ele considerava natural, mas desnecessário, desejar alimentos extravagantes, uma bela casa e os adornos da riqueza. Considerava antinatural querer fama e poder. Assim, ganhar no *Show de Talentos* não o deixaria feliz.

Descubra o que quer

> ***"O homem moderado evita o excesso de prazeres corporais, pois até o homem moderado tem prazeres."***
>
> Aristóteles

Outra maneira de ver a felicidade é como satisfação dos desejos. Não é o mesmo que ter experiências prazerosas, embora possa envolvê-las. Se você se sente constantemente frustrado porque não arranja um emprego que ache agradável ou não tem o relacionamento que gostaria, é improvável que seja feliz. Talvez tenha períodos passageiros de felicidade produzida por experiências hedo-

SOBRE AQUELE IPHONE...

Como sua vida melhoraria se você tivesse um iPhone? Como pioraria se não o tivesse? Você quer o iPhone para se comunicar com amigos e usar seus recursos? Ou porque todo mundo quer e seria bacana ter um deles? No século I a.C., Lucrécio se queixou de que aquilo que as pessoas querem é ditado pela opinião popular e não por avaliação própria. E ele nem tinha iPhone.

nistas, mas sua insatisfação geral fará com que não se considere feliz em geral. Nem todos queremos as mesmas coisas, e uma pessoa pode ficar satisfeita com uma vida que outro odiaria. Para saber se está satisfeito, você tem de saber o que deseja.

A lista dos desejos da felicidade

Há outro modelo de felicidade que os filósofos chamam de modelo da "lista objetiva". Essa é menos pessoal, pois estabelece as coisas que os filósofos acreditam necessárias para o bem-estar ou a boa vida de todas as pessoas. A lista de Epícuro, com amigos, liberdade e pensamento, é um exemplo. Ele supunha que a posse das três daria boa vida para todos. Aristóteles acreditava que todas as coisas anseiam por cumprir sua função ou fazer o que fazem melhor. Podemos ver isso como realizar nosso potencial pessoal. Para ele, aquilo em que os seres humanos são bons — sua função — era o pensamento racional, então as pessoas seriam mais felizes (ou "viveriam bem") quando levassem uma virtuosa vida de razão.

Epícuro acreditava que as pessoas que acham que gostam de coisas que lhes fazem mal — beber demais, entregar-se à preguiça e assim por diante — não são verdadeiramente felizes. Outra opção para os que não fossem capazes de pensamento racional seria levar uma vida de virtude moral. Aristóteles acreditava que a felicidade era a única coisa que desejamos por si mesma. Podemos querer outras coisas, como riqueza, amizade ou saúde, mas só as queremos porque acreditamos que nos farão felizes.

DINHEIRO TRAZ FELICIDADE?

É tentador pensar que você será mais feliz com mais dinheiro para comprar as coisas que quer, fazer o que tiver vontade e se preocupar menos. Mas vários estudos mostraram que não é tão simples assim. Até certo ponto, o aumento da renda corresponde ao aumento da felicidade relatada, mas depois desse ponto não faz diferença. O ponto não é muito alto; um estudo calculou 73.000 dólares (45.000 libras) por ano, outro 161.000 dólares (100.000 libras) por ano. Isso basta para satisfazer as necessidades básicas e remover a ansiedade, mas parece que a felicidade não aumenta com a riqueza em excesso — ter dinheiro para comprar iates e aviões particulares, por exemplo. Numa reflexão deprimente sobre a natureza humana, parece que ter mais dinheiro do que os outros nos deixa mais felizes, mas sonhar em ganhar na loteria não é solução. As pessoas que ficam mais ricas de repente se sentem mais felizes a curto prazo, mas logo voltam ao nível anterior.

Felicidade no porvir

Para o religioso, mesmo que a situação não seja muito boa agora, sempre há a promessa de bem-aventurança eterna depois da morte. Isso pode consolar em momentos difíceis, mas não é o mesmo que felicidade. De acordo com São Tomás de Aquino, na Terra só é possível a felici-

São Tomás de Aquino disse: "Dentro de cada alma há uma sede de felicidade e significado".

dade imperfeita, e sua melhor forma vem da vida contemplativa — o culto e a reflexão espiritual. Nem todos a conseguimos, pelo menos não o tempo todo, portanto há uma opção um pouquinho pior que é levar uma vida ativa, mas boa — uma vida de virtude que seja útil aos outros e agradável a Deus.

Evitar a infelicidade é o mesmo que ser feliz? Nas épocas em que a vida estiver muito dura, talvez pareça o melhor a esperar. Algumas religiões e filosofias orientais promovem um afastamento que nos incentiva a dar um passo atrás, observar e reconhecer o que acontece e o que sentimos a respeito, sem permitir que sejamos dominados por eventos e sentimentos.

Os estoicos da Grécia Antiga tinham o mesmo ponto de vista: não podemos nos impedir de sentir dor ou decepção, mas podemos limitar seu impacto sobre nosso equilíbrio. No jargão moderno, é parecido com a atenção plena. Mas, embora ajude a reduzir o impacto de eventos e sentimentos negativos, isso também deverá reduzir o impacto dos efeitos e sentimentos positivos. Talvez optar ou não pela abordagem da atenção plena dependa de esperar que lhe aconteçam coisas boas ou ruins.

A virtude nos deixa feliz

Vimos que Aristóteles via a vida virtuosa como o caminho da felicidade, mas "virtude" é um termo vago. Aristóteles visualizava um espectro de todos os tipos de comportamento, com o vício nos dois extremos e a virtude no meio, no ponto da moderação. A virtude da coragem está entre a covardia e a imprudência. A generosidade é o melhor ponto entre a avareza e a prodigalidade. É uma opinião de que muitos filósofos partilharam.

Se vivermos de forma virtuosa, diz a teoria, seremos protegidos, até certo ponto, das vicissitudes da fortuna. Não que o infortúnio não vá nos tocar; é que nossa fonte de segurança e contentamento está dentro de nós, abrigada dos piores efeitos da fortuna. O filósofo alemão Arthur Schopenhauer duvidava que a felicidade humana fosse possível, mas disse que, se fosse, seria a razão da vida. Ele acreditava que três coisas contribuem para a felicidade humana: o que você é, o que tem e o que os outros pensam de você. A primeira é a mais importante, mas as outras duas são o que mais preocupa as pessoas. Tarde demais, elas notam que, no fim das contas, o que temos e o que os outros pensam de nós não são tão importantes assim.

> ***"[A virtude é] uma vontade firme e constante de produzir tudo o que julgamos ser o melhor e empregar toda a força de nosso intelecto em julgar bem [...] [É] o único bem, entre todos os que podemos possuir, que depende inteiramente de nosso livre-arbítrio.***
>
> ***"[A felicidade é] o contentamento perfeito da mente e a satisfação íntima [...] adquiridos pelo sábio sem o favor da fortuna. [...]Não podemos sequer praticar qualquer virtude — ou seja, fazer o que nossa razão nos diz que deveríamos — sem receber satisfação e prazer ao fazê-lo."***
>
> René Descartes, 1645

Copo meio cheio ou meio vazio?

A definição-padrão de otimista é alguém que vê o copo meio cheio; o pessimista considera o mesmo copo meio vazio. Essa abordagem básica pode fazer uma diferença imensa no nível de felicidade e no modo como se sente a vida. O pessimista costuma ser cauteloso e evitar riscos, na esperança de que as coisas não aconteçam. O otimista, que corre riscos esperando bom resultado, tem mais probabilidade de enfrentar os altos e baixos do sucesso e do desapontamento. Algumas pessoas são mais felizes com uma vida calma, outros anseiam por uma vida de empolgação; os dois caminhos podem levar à felicidade.

CAPÍTULO 11

Você Gostaria de Viver Para Sempre?

Passamos a vida em busca de evitar a morte, mas a vida sem fim seria uma possibilidade ainda pior?

A maioria das culturas tem histórias sobre "eternos", seres humanos que podem viver para sempre — vampiros, por exemplo. Mas a vida permanente seria mesmo uma boa ideia?

Que bem traz a morte?

Os conselheiros religiosos e espirituais costumam recomendar a resignação ou aceitação calma diante da morte e a preparação espiritual para uma "morte boa". Por quê? Alguns idosos, sem dúvida, estão prontos para a morte. Mas muita gente não está, principalmente os mais jovens que enfrentam a morte, e esbravejar "contra a morte da luz", como aconselhou Dylan Thomas, é a reação natural. Esbravejamos contra ela porque ainda temos coisas a fazer, pessoas a amar, palavras a proferir; porque não queremos que nosso tempo se acabe.

Em 1927, o filósofo alemão Martin Heidegger escreveu sobre o conhecimento da mortalidade que pesa sobre a consciência humana. Ele escreveu sobre "*Dasein*" — literalmente, "ser aí" — como o estado do indivíduo no mundo. Disse que somos definidos e limitados por nosso contexto no tempo e no espaço. Um aspecto desse contexto é que vivemos por um tempo limitado. Saber que só temos um período limitado de vida provoca angústia *(angst)*

"Esta, se assim quiser, é nossa maldição. É o preço que pagamos por sermos tão terrivelmente espertos. Temos de viver sabendo que a pior coisa que pode nos acontecer algum dia acontecerá. [...]Cada um de nós vive na sombra de um apocalipse pessoal."

"[Fugir da morte] é a base da realização humana: é a fonte da religião, a musa da filosofia, o arquiteto de nossas cidades e o impulso por trás das artes."

Stephen Cave, filósofo britânico, 2012

ou temor. Heidegger não acreditava em Deus, mas, mesmo que acreditasse, Deus é irrelevante nesse esquema. Ainda temos de escolher como passar nosso tempo na Terra e fazer essa escolha sabiamente, pois não há segunda chance. A morte concentra a mente de forma maravilhosa.

> ***"Mas às minhas costas sempre ouço o carro de asas do Tempo se aproximando às pressas; e por toda parte, diante de nós, jazem desertos de vasta eternidade."***
>
> Andrew Marvell (1621-1678), "To His Coy Mistress"

A consciência de nossa mortalidade nos força a decidir o que é importante e concentrar-se nisso. Heidegger distinguia os modos de vida autênticos e não autênticos. A versão autêntica era uma vida levada de acordo com nossos valores e escolhas próprios. Se permitíssemos sermos empurrados pelas circunstâncias, teríamos uma vida inautêntica, embora, por termos escolhido o caminho de menor resistência, essa também seria um tipo de autenticidade. Se, como o vampiro, tivéssemos toda a eternidade para realizar nossas ambições, elas não seriam realmente ambições. Nada seria significativo, porque não seria escolhido em vez de outra coisa; haveria tempo suficiente para tudo. É o conhecimento seguro da morte que dá significado à vida.

A mensagem que não queremos ouvir

Provavelmente, a busca de viver para sempre, ou pelo menos um pouco mais, é tão antiga quanto a humanidade. Durante milhares de anos, mágicos e cientistas buscaram um elixir que restaurasse a juventude ou nos permitisse viver para sempre. Hoje, temos cremes, comprimidos e suplementos que prometem parar o

> ***"Amanhã", disse o Sapo. "Farei tudo isso amanhã."***
>
> Arnold Lobel, *Days with Frog and Toad*, 1979

relógio e nos manter com a aparência e a sensação de jovens. Para os muito ricos, a criogenia também oferece o caminho de, supostamente, nos preservar para ressuscitação futura.

> ***"A morte não é nada para nós. Pois, quando estamos aqui, a morte não está. E, quando a morte está aqui, vamos embora."***
>
> Epícuro disse que o medo da morte é natural, mas não racional

Muitas religiões prometem a vida eterna após a morte. No passado, a promessa de uma vida melhor no outro mundo provavelmente era mais cativante do que hoje. Quando a maioria suportava uma vida curta, cheia de dor e muito trabalho, a ideia de outro mundo em que todo esse sofrimento seria aliviado deve ter sido muito atraente. Hoje, embora muitos vivam com muito mais conforto e por muito mais tempo, a promessa de vida eterna ainda nos foge. Em vez disso, esperamos continuar vivos por meio de nossos filhos ou por uma obra que permaneça no futuro.

Algumas pessoas pagam quantias imensas para ter o corpo ou apenas o cérebro congelado após a morte. A ideia é que, quando houver uma cura para o que as matou, elas serão descongeladas e poderão continuar vivendo. Você gostaria de viver num mundo novo, muito depois que todas as pessoas que ama já morreram? E por que as pessoas do futuro descongelariam alguém do século XXI?

De que adianta a vida?

"Todo o labor das eras", disse Bertrand Russell, "toda a devoção, toda a inspiração, toda a luminosidade do meio-dia da genialidade humana, estão destinadas à extinção na vasta morte do sistema solar, e o templo inteiro das conquistas do homem será inevitavelmente enterrado sob os escombros de um universo em ruínas." Dizem que certa vez um motorista de táxi de Londres perguntou a Bertrand Russell: "Então, de que adianta?" Possivelmente não era a melhor pessoa a perguntar. Mas, se vamos morrer e tudo virará pó, de que adianta a vida? Essa é a questão que os absurdistas enfrentaram (ver o capítulo 27).

> ***"O mistério da existência humana não está em apenas se manter vivo, mas em encontrar algo pelo que viver."***
>
> Fiodor Dostoievski, 1880

Há duas maneiras de abordar a questão do propósito da vida. Uma é perguntar se a vida precisa de propósito. A outra é tentar citar um propósito. Poderíamos passar por todos os propósitos possíveis da vida, mas a maioria dos filósofos, de um modo ou de outro, acaba dizendo que não podemos saber se tem propósito, portanto vamos viver da melhor maneira possível. Camus, que disse que a única questão realmente importante da filosofia é "por que não o suicídio?", acertou em cheio ao dizer que realmente só temos de continuar nela sem saber por quê.

> ***"A morte não é um evento da vida: não vivemos para passar pela morte. Se considerarmos que a eternidade não significa duração temporal infinita mas atemporalidade, então a vida eterna pertence àqueles que vivem no presente. Nossa vida não tem fim, do mesmo modo que nosso campo visual não tem limites."***
>
> Ludwig Wittgenstein, 1921

> ***"A consciência clara de ter nascido numa luta perdida não precisa levar ninguém ao desespero. Não gosto muito da ideia de que algum dia me darão um tapinha no ombro para me informar, não que a festa acabou, mas que com certeza ela vai continuar — só que, a partir daí, em minha ausência. (É o segundo daqueles pensamentos: a edição do jornal que sairá no dia depois que eu me for, que é o mais angustiante.) Muito mais horrível, contudo, seria o anúncio de que a festa continuaria para sempre e que eu estava proibido de ir embora. Quer fosse uma festa infernalmente ruim, quer fosse uma festa perfeitamente celestial em todos os aspectos, o momento em que se tornasse eterna e compulsória seria o momento exato em que começaria a ser chata."***
>
> Christopher Hitchens, 1949-2011

Se sente que sua vida tem um propósito (talvez por crença religiosa), você não fará essa pergunta. Se não sente, talvez adote a resposta filosófica mais frequente: viver fiel a si mesmo, levar uma boa vida e fazer o que é certo (ver o capítulo 10). O "bem" de algo é o que fazemos com esse algo.

CAPÍTULO 12

É Possível Escolher Acreditar em Deus?

Você pode escolher sua fé ou ela o escolhe? Se a crença não for uma escolha, porque a recompensaríamos?

Quando fazemos a pergunta "Deus existe?", nossa razão diz "Não", mas a fé pode dizer "Sim". A pergunta fundamental é se você pode *escolher* a fé.

A aposta de Pascal

Uma das proposições filosóficas mais famosas é a aposta de Pascal. Diante da incerteza sobre a existência de Deus, Pascal sopesou o custo e o benefício de acreditar ou não:

- Se Deus não existe mas escolhemos acreditar nele, temos uma vida virtuosa, perdemos um pouco de tempo com orações infrutíferas e desaparecemos no esquecimento com a morte.
- Se Deus existe mas escolhemos não acreditar nele, podemos levar uma vida desregrada por alguns anos, mas aí perdemos nossa vida imortal numa eternidade de perdição e tormento. Em outras palavras: "se ganhar, você ganhará tudo; se perder, não perderá nada."

No fim das contas, é mais seguro investir algumas horas em orações e boas obras do que não acreditar notoriamente mas, mais tarde, descobrir que o cristianismo é verdadeiro e que você perdeu sua recompensa eterna. Mas isso é tão claro assim? A crença é uma questão de escolha? Talvez para Pascal, que estava em dúvida, a aposta fosse suficiente para ativar sua parte

> ***"Se eu não visse nenhum sinal de divindade, me fixaria na negação. Se visse por toda parte as marcas de um Criador, repousaria em paz na fé. Mas ver demais para negá-lO e demasiado pouco para me assegurar, fico num estado lamentável e desejaria cem vezes que, se um deus sustenta a natureza, que se revelasse sem ambiguidade."***
>
> Blaise Pascal, *Pensées*, 1669

crente e silenciar a parte não crente. No entanto, partindo da posição de não crença é possível escolher acreditar?

Nascido na fé

Antes era simples: se morasse na Europa, você teria nascido na tradição cristã ou, talvez, no judaísmo. Há lugares no mundo em que esse tipo de observância religiosa ainda se mantém. Mas também há pessoas para quem a existência de Deus causa tanta dúvida quanto à existência do ar. Elas não escolhem acreditar, assim como você e eu não escolhemos respirar.

QUE DEUS VOCÊ ESCOLHE?

A aposta de Pascal tinha uma falha grave que Denis Diderot ressaltou cerca de cem anos depois. Pascal tinha de escolher não só se acreditava em Deus, mas em que deus acreditar. Se escolhesse o deus errado, as horas investidas em oração seriam desperdiçadas e ele ainda estaria condenado por toda a eternidade.

Escolhas forçadas

William James, irmão do romancista Henry James, considerava a crença em Deus uma "escolha forçada" — que temos de fazer, a favor ou contra, porque não há posição intermediária sustentável. Ele via a vida cheia de escolhas, algumas forçadas (têm de ser feitas), algumas momentosas (fazem uma enorme diferença na vida). A escolha de acreditar ou não em Deus, como ele a via, era forçada e momentosa. Ele não via razão para alguém escolher a descrença, porque a religião dá à pessoa um propósito na vida, um arcabouço moral e uma estrutura psicológica — além do bônus sempre sedutor da vida após a morte, é claro.

Razão e fé ou razões para a fé?

Há uma relação desconfortável entre razão e fé. Alguns pensadores defenderam que é inteiramente sensato acreditar em Deus e tentaram defender Sua existência com argumentos fundamentados. Mas há um argumento racional filosoficamente robusto a favor da existência de Deus? Acredita-se que o teólogo e filósofo Santo Anselmo (1033-1109) foi o originador do argumento ontológico da existência de Deus. Ele se baseava na ideia de Deus como um ser perfeito, fato que, em si, era uma demonstração da existência de Deus: "Também não busco entender que eu possa acreditar, mas acredito que possa entender. Por isso, também, acredito que, a menos que primeiro creia, não entenderei." Mais tarde, Voltaire afirmou outra coisa e disse que a crença é uma questão da razão: "O que é fé? É acreditar no que é evidente? Não. É perfeitamente evidente para minha mente que existe um ser necessário, eterno, supremo e inteligente. Isso não é questão de fé, mas de razão."

Mas "é perfeitamente evidente para minha mente" é, em essência, uma declaração de fé. Pode ser "evidente", mas só é "sensato" se puder ser provado pela razão, pela argumentação racional. E o único propósito de uma prova lógica da existência de Deus é convencer os que não têm fé ou aqueles cuja fé cambaleia — gente como Pascal! Para sermos justos com Voltaire, ele acreditava que o universo era governado por leis imutáveis (que chamaríamos de leis da física) e que estas eram explicáveis de forma inata, ainda que ainda não conseguíssemos explicá-las. Sua crença em Deus, portanto, era mais uma questão de razão, além de compreensão atual, do que um mistério inefável.

Erasmo, humanista holandês que escreveu no início do século XVI, era extremamente crítico da Igreja organizada, que acreditava obscurecer a religião com rituais e regras desnecessários; ele criticava o clero por discutir até o inferno quantos nós usar ao amarrar as sandálias. Erasmo sentia que o culto simples e direto "vindo do coração" era tudo o que bastava e que deveria se basear no reconhecimento confiante de Deus e na ânsia de adorá-lo. Ele considerava a crença em Deus uma forma de "tolice gloriosa" — tolice exatamente por ser aceita como verdadeira, mesmo que pareça contrária à razão. Está além da ciência, além da razão: uma simples afirmação de uma verdade percebida ou apreendida diretamente. Søren Kierkegaard também via a crença como um "salto de fé" e o extremo oposto da razão; se pudéssemos explicar Deus, não precisaríamos de fé e a crença seria sem sentido.

Você sente o gosto da água tônica?

Isso deixa poucas opções aos que não acreditam. É como a capacidade de sentir o sabor da água tônica. Algumas pessoas sentem o amargor do quinino, outras não — é uma diferença genética. Se não sente o sabor, você nunca sentirá. A fé será igual? Se não tiver fé automaticamente, você estará excluído do reino do céu (supondo que ele exista)? De acordo com muitos ensinamentos religiosos, nenhum volume de boas obras e pensamentos caritativos ajudará se a pessoa não tiver fé. João Calvino e seus seguidores acreditavam que Deus já tinha escolhido os que serão salvos. Mas, de acordo com doutrinas mais liberais, todos temos alguma probabilidade no jogo.

A atitude moderna dominante perante a religião, principalmente no Ocidente, é que ela é uma questão pessoal entre o indivíduo e Deus, talvez com um líder espiritual intermediário. O filósofo alemão Friedrich Nietzsche (1844-1900) voltou-se contra a religião, principalmente o cristianismo, e a declarou um tipo de tática comunitária de evitação para lidar com questões sociais importantes. Em sua opinião, as religiões que transformam em virtude posições subservientes, como pobreza, humildade e docilidade, endossam e sustentam sistemas sociais que oprimem os pobres. Ele as chamou de "moralidade do escravo" porque transformam em bem moral as características que tornam as pessoas fáceis de explorar. Os escravos são desestimulados a se rebelar contra sua condição porque são convencidos que o modo como vivem lhes compra favores na vida após a morte que, na opinião de Nietzsche, não existe.

O psicanalista Sigmund Freud também via um motivo ulterior, mas dessa vez era o subconsciente buscando uma fonte de consolo e amparo. Ele sentia que os seres humanos anseiam por uma "figura paterna" para "reconciliar os homens com a crueldade do Destino [...] e compensá-los pelos sofrimentos da vida civilizada". Não é a razão nem a fé das pessoas que as leva a Deus, de acordo com Nietzsche e Freud, mas a necessidade de desculpar sua complacência diante do abuso ou do sofrimento. Elas não são instigadas pela fé, nem mesmo pela escolha; em vez disso, se agarram à palha da religião sem muito pensamento.

Para alguns cientistas, a incrível complexidade do universo leva à fé em vez de afastar dela, pois sentem que essa complexidade revela a mão de um criador inteligente.

CAPÍTULO 13

Os Cães Têm Alma?

Você já fitou os olhos de um cão e achou que ele deve ter alma?

O que é alma?

As pessoas com crença religiosa costumam ver a alma como o vínculo entre o ser humano e a divindade ou o criador. Nas religiões abraâmicas, a alma é a parte do ser humano que se assemelha a Deus, que anseia a ser igual ou a retornar a Deus, um reflexo ou fragmento do Espírito Santo. A visão não religiosa da alma é que é algo semelhante à autoconsciência ou uma parte do espírito universal (ver o Capítulo 6).

Que Deus escolha

Para o religioso, Deus já decidiu se os animais têm alma. Mas os textos religiosos são sabidamente crípticos, deixando muito a ser interpretado e, com frequência, com mensagens contraditórias. A Bíblia não é clara sobre a questão da alma nos animais. O seguinte trecho sobre o arrebatamento, quando Cristo retornar à Terra para levar os que foram salvos, sugere que têm: "Quem sabe que o fôlego do homem vai para cima, e que o fôlego dos animais vai para baixo da terra?" (Eclesiastes: 3, 21)

No islamismo, não se considera que os animais tenham livre-arbítrio; eles não serão julgados por suas ações nem

DUALISMO MENTE-CORPO

René Descartes (1596-1650) via o corpo como um aparelho mecânico habitado por uma alma. Ele acreditava que só os seres humanos tinham alma e que os animais eram máquinas vazias sem ela.

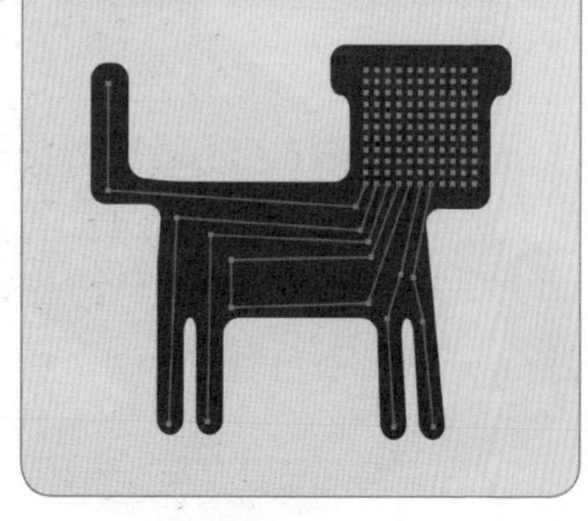

admitidos no céu. Portanto, talvez o livre-arbítrio seja uma característica que defina ser dotado de alma.

Uma alma pré-usada

O budismo não dota nem mesmo os seres humanos com uma alma única, mas faz todas as criaturas compartilharem um espírito universal. Opinião semelhante foi defendida por Baruch Espinosa (1632-1677), que via um único espírito da natureza habitando toda a criação — opinião considerada herética que o fez ser banido da fé judaica. O budismo e a visão de Espinosa dão a cada um de nós e a cada cão um pequeno fragmento da alma universal, mas não um fragmento com autonomia nem existência independente significativa.

Para os que acreditam na transmigração das almas — que a alma habita um corpo depois do outro —, o cachorro tem alma. E a alma não é específica da espécie: a mesma alma pode, numa vida, habitar um ser humano e, na outra, um cão. No século V a.C., Heródoto afirmou que os antigos egípcios acreditavam que a alma humana renascia como todos os tipos de animal e retornava à forma humana depois de três mil anos. Alguns dos antigos filósofos gregos, como Platão e Pitágoras, acreditavam que a alma habita o corpo só por um curto período. Ela volta ao mundo das almas com a morte do corpo até inspirar outro corpo, seja humano, seja animal. Nesse esquema, o cão tem exatamente o mesmo tipo e qualidade de alma do ser humano.

Os animais são diferentes?

Com frequência, a alma foi vista como o que produz a consciência, a autopercepção, a moralidade, a capacidade de imaginar, a linguagem, a empatia, o pensamento abstrato, a consciência, a paixão e a esperança. Tradicionalmente, acredita-se que muitos desses atributos ou capacidades distinguem os seres humanos de outros animais. Se o que distingue os seres humanos dos animais for a posse de uma alma, então o que define a alma é pertencer a um ser humano e não a um animal. O argumento se torna circular: não é possível um cão ter alma simplesmente porque é um cão; a alma é algo que os cães não têm.

> ***"Certa vez, quando estava presente à surra de um cãozinho, teve pena e disse: 'Pare, não continue a bater nele, pois é a alma de um homem que me é querido que reconheci quando o ouvi ganir'."***
>
> Xenófanes, falando de Pitágoras (*c.* 570-*c.* 475 a.C.)

O aumento do conhecimento sobre a fisiologia e o comportamento dos animais lança dúvidas sobre os pressupostos antiquíssimos de que haja algo inerentemente especial no ser humano e no cérebro humano além das razões religiosas para considerar os seres humanos especiais. Podemos perceber inteligência e aprendizado em outros animais, alguns dos quais agem de maneira que, em seres humanos, se diria demonstrar compaixão, justiça e altruísmo — e não só com membros de seu próprio grupo ou espécie. O pesquisador Jean Decety descobriu que os ratos libertariam outros ratos de armadilhas mesmo que não fossem recompensados por isso — e que libertariam outro rato a tempo de ele compartilhar com os outros uma guloseima que o primeiro rato comeria sozinho. Os macacos também destrancam uma gaiola para libertar outro macaco e dividir comida. As histórias de golfinhos que salvam marinheiros que se afogam circulam desde a época dos antigos gregos, e vários bebês humanos foram criados por animais selvagens.

A maioria ainda assume que só os seres humanos criam arte, sentem remorso ou culpa, fantasiam, têm esperanças para o futuro ou possuem autoconsciência e empatia. Mas não há provas de nenhum dos lados; não *sabemos* se os animais fazem essas coisas. Se puderem fazer alguma delas ou todas, terão alma?

A arca com alma

No mundo ocidental, os cães têm um relacionamento íntimo com os seres humanos. Os gatos e cavalos gozam do mesmo favor em grau um pouco menor. Podemos argumentar que isso não tem nada a ver com cães (ou gatos ou cavalos); é sobre nós e nossas atitudes.

Há mais animais inteligentes além dos cães, e outros animais também demonstram comportamento empático, altruísta e compartilhador. Se o cão tiver alma, com certeza o golfinho e o gorila também terão. Em termos biológicos,

O CATÁLOGO DE ALMAS DE ARISTÓTELES

Aristóteles considerava que as almas completas só estavam disponíveis para seres humanos. Os animais podem ter uma alma menos racional. As plantas só podem ter uma alma do balcão de ofertas.

- **alma 5*: adequada apenas para seres humanos; capaz de pensamento racional; locomoção e percepção; funções de sustentação da vida.**
- **alma 3*: adequada para animais; capaz de locomoção e percepção e funções de sustentação da vida.**
- **alma 1*: adequada apenas para plantas; sem locomoção independente; só funções básicas de sustentação da vida.**

outros animais também têm probabilidade de apresentar o nível de comportamento mental que associamos à alma.
O filósofo inglês William Kingdon Clifford (1845-1879) não conseguia ver de que modo a evolução deu o salto do inconsciente para o consciente e postulava que tudo tem alguma forma primitiva de consciência, que ficava então disponível para o desenvolvimento evolucionário: "É impossível para qualquer um indicar o lugar específico na linha de ascendência onde se pode supor que esse evento ocorreu. A única coisa que podemos concluir, se é que aceitamos a doutrina da evolução, é que, mesmo no organismo mais vil, até na ameba que nada em nosso sangue, há uma coisa ou outra, inconcebivelmente simples para nós, que é da mesma natureza que nossa consciência."

Isso importa?

Deveria fazer diferença se os animais têm alma ou não? Assim como Pitágoras pediu que um cãozinho não fosse chutado porque reconheceu nele uma alma antes humana, talvez tratássemos os animais de outra maneira se soubéssemos que têm alma. A maioria sente que temos mais obrigações com seres humanos do que com animais, mais obrigações com animais maiores e possivelmente mais inteligentes do que, digamos, com lesmas e lacraias, e mais obrigações com os animais do que com as plantas. Que responsabilidades especiais temos, se é que temos, com seres que tenham alma? Nossas obrigações com os animais e os seres humanos seriam as mesmas se soubéssemos que os animais têm alma ou são capazes de algo como nosso nível de pensamento, empatia e sofrimento? Como não sabemos a resposta dessa pergunta, deveríamos lhes dar o benefício da dúvida?

O FEIJÃO TEM ALMA?

Dizem que Pitágoras não comia feijão e chegou a permitir que o matassem em vez de fugir de seus perseguidores correndo por uma plantação de feijão, destruindo as plantas. Uma das razões sugeridas foi que ele acreditava que o feijão tinha um papel importante na transmigração da alma, talvez atuando como um tipo de conduto entre as migrações.

CAPÍTULO 14

Você Diz o Que Quer Dizer e Quer Dizer o Que Diz?

Até que ponto a linguagem é confiável?

Nos últimos cem anos, mais ou menos, os filósofos se interessaram muito pela linguagem — pelo que dizemos, pelo modo como as palavras se relacionam com seu significado e como entendemos a linguagem usada por outra pessoa. Como todas as ideias filosóficas têm de ser transmitidas pela linguagem, a chamada "virada linguística" causou grande impacto sobre o que é dito e como é dito, além de dar origem a reflexões sobre o que não pode ser dito. A linguagem limita o que podemos pensar e até o que existe?

— Então você deveria dizer o que quer dizer — continuou a Lebre Maluca.
— Eu digo — respondeu Alice às pressas; — pelo menos... pelo menos quero dizer o que digo, o que é a mesma coisa, sabe.
— Não é mesmo a mesma coisa! — disse o Chapeleiro.

Lewis Carroll, *Alice no País das Maravilhas*, 1865

Aquela coisa é só uma palavra

O problema dos universais, de conceitos como "justiça", "infância", "raiva" e "vermelho" existirem ou não, traz à baila a questão espinhosa da linguagem. Alguns filósofos ditos nominalistas acreditam que não existe nenhuma "coisa" como a raiva, só existe o comportamento que manifesta a raiva e a palavra "raiva". Outros filósofos ditos realistas afirmam que a raiva existe, sim, como algo separado da palavra; as pessoas vão continuar a se enraivecer mesmo que não tenhamos uma palavra para isso. Os realistas se dividem naqueles que, como Aristóteles, acreditam que os universais existem desde que haja um exemplo deles e os que acreditam que existem de qualquer modo. Assim, para Aristóteles, se as pessoas parassem de se enraivecer ou se a raça humana fosse eliminada, a "raiva" não existiria mais. Para Platão, idealista, a raiva existe com ou sem pessoas enraivecidas, porque há uma "forma" (um ideal) de "raiva".

O que as palavras significam?

A questão de como as palavras acumulam significado interessou ao filósofo alemão Ludwig Wittgenstein, do século XX. Para ele, as palavras são definidas pelo modo como as usamos. Portanto, quando começamos a usar uma palavra de modo diferente, seu significado muda. Quando os jovens começaram a usar "legal" para significar algo diferente de "relativo à lei jurídica", o significado da palavra mudou para combinar com o novo uso. Isso representava uma inversão para Wittgenstein, que disse que temos de usar a linguagem para formar imagens ou modelos do mundo e só podemos fazer isso se o significado das palavras for fixo em relação às coisas do mundo. Seu pensamento posterior girou em torno dos "jogos de linguagem", nos quais as pessoas que participam de qualquer discurso têm de elaborar o significado das palavras conforme são usadas.

Portanto, há alguma correspondência entre uma palavra e seu significado ou cada palavra é apenas um som arbitrário ao qual atribuímos um significado? Há alguma boa razão, por exemplo, para "cachorro" significar um mamífero canino e não, digamos, uma geladeira ou um carburador? Embora haja relações lógicas entre as palavras — gelo e geladeira, por exemplo —, só em poucas palavras onomatopaicas há alguma correspondência significativa entre a palavra e a coisa ou entre significante e significado, como dizem os filósofos linguistas.

Ferdinand de Saussure via a palavra falada como o significante e considerava outra coisa a palavra escrita: o som que associamos à letra "t" é o significado, e a letra "t", seu significante. O som "t" em si faz parte de um padrão sonoro que vemos como uma palavra, e a palavra é um significante que interpretamos como significando a coisa significada. A palavra "árvore" não significa "árvore" em nenhum sentido absoluto, mas concordamos em entender o conceito "árvore" quando vemos ou ouvimos a palavra — desde que saibamos que é uma palavra em português, é claro.

Traga sua bagagem

As palavras vêm com muita bagagem cultural. Isso se acumula e muda com o tempo e pode até alterar retrospectivamente o significado da comunicação escrita. Mencione o nome "Adolf" e a maioria pensará em Hitler. Se você escrevesse uma história com um protagonista chamado Adolf, os leitores levariam consigo algumas expectativas que você poderia endossar ou frustrar pelo modo como desenvolvesse seu personagem. Até meados do século XX, a palavra "*gay*" era usada para significar alegre e despreocupado, mas agora seu significado primário é "homossexual". Ninguém pode usar a palavra em seu sentido original sem que este último sentido a influencie. Isso também funciona retrospectivamente, e o significado moderno da palavra afeta como reagimos a um romance escrito em 1920.

O filósofo britânico John Austin, do século XX, dividiu os "atos de fala" (coisas que podem ser feitas com palavras) em três tipos: atos locutórios, atos ilocutórios e atos perlocutórios. O ato locutório nos diz algo sobre o mundo. O ato ilocutório pode ser uma pergunta, uma instrução, uma promessa; serve a uma função especial além de apenas nos dizer alguma coisa. O ato perlocutório é a linguagem que também é um feito: dizer "aceito" num casamento, por exemplo. Para entender como as palavras funcionam dessa maneira, todos os envolvidos têm de conhecer o contexto cultural em que são usadas.

Sabe o que quero dizer?

Algumas pessoas veem o turquesa como um tom de azul e outros, como um tom de verde. Temos certeza de que vemos de forma diferente ou só usamos as palavras de maneira diferente? Não podemos realmente ter certeza de que todos vemos o vermelho ou o amarelo da mesma maneira, mas concordamos em chamar de "vermelho" a cor do sangue. Do mesmo modo, podemos ter ideias diferentes do que queremos dizer com raiva, amor, medo ou tudo o mais. Portanto, o que quero dizer quando digo alguma coisa não é necessariamente o que você entende quando ouve. Ironicamente, os filósofos que tentam falar da linguagem acham que o meio de comunicação é escorregadio demais e não está à altura da tarefa.

O filósofo alemão Gottlob Frege (1848-1925) defendia que a linguagem só extrai significado do contexto. Se pegarmos uma frase como "Aquele porco é preto", podemos vê-la como uma declaração quase matemática, com um argumento, "aquele porco", e uma função, "é preto". Podemos remover o argumento e substituí-lo por outro, "este gato", por exemplo. Mas as partes só têm significado no contexto; por si só, "é preto" não nos diz nada.

A palavra sozinha não tem significado. Saussure explicou que as palavras recebem significado em virtude das diferenças entre elas. Assim, "macho" exige a existência da palavra "fêmea", e dizer que algo "é" um gato também é dizer que não é um cachorro, um camundongo nem um canguru. Em certo sentido, tudo é definido pelo que não é.

Palavras e verdade

Parece bastante óbvio que podemos usar a linguagem para dizer a verdade ou para mentir. Bertrand Russell foi além e disse que uma afirmativa também pode ser sem sentido. Uma frase como "O rei da França é careca" não é verdadeira nem falsa, porque não existe rei da França. Se disséssemos que era falsa, isso implicaria que o rei da França não é careca (mas existe). E pode haver afirmativas totalmente desconcertantes, como "Tudo o que digo é mentira", que se for verdadeiro, é falso, e se for falso, é verdadeiro.

Limitar o pensamento

A linguagem limita o que podemos dizer; mas limita o que podemos pensar? Há a discussão de que pode. Em chinês, por exemplo, quando se fala de várias coisas, é necessário usar uma "palavra de medida" entre o número e o objeto contado. Assim, "três mapas" seria, efetivamente, "três coisas planas que são mapas". A exigência de agrupar as coisas por uma de suas propriedades forja vínculos entre as coisas e destaca uma característica em vez de outras. Em chinês, há mais semelhanças entre três mapas e três selos do que entre três mapas e três gorilas. Em inglês, a linguagem não reflete o fato de que os selos são mais parecidos com mapas do que com gorilas. Não somos forçados a pensar no que são as coisas para contá-las.

Alguns idiomas têm palavras para coisas sem nome em outros. Em japonês, a palavra *tsundoku* é o ato de não ler um livro depois de comprá-lo. Embora não haja uma palavra para isso em inglês, os ingleses também deixam livros não lidos. Será que pensam de forma diferente sobre o ato por não haver palavra para ele? Será mais fácil de aceitar porque não existe a palavra? Embora não ter uma palavra única importe, ainda é possível dizer em inglês que você comprou um livro e não leu. E algo para o qual não temos palavra? Não temos palavra para o modo como uma minhoca faz um túnel pelo solo. Poderíamos descrever o modo como se move, inclusive a atividade muscular, mas é difícil imaginar que somos uma minhoca. Talvez uma razão para isso seja não termos uma palavra para o que as minhocas fazem. Ou talvez não tenhamos uma palavra para essa atividade porque ela é difícil de imaginar.

Línguas: as mesmas, mas diferentes

Noam Chomsky afirma que todas as línguas têm em comum algumas características de sintaxe (estrutura) e que nosso cérebro é formado para aprender línguas usando esses padrões. É como se o cérebro tivesse uma estrutura pronta e só precisasse preenchê-la com um idioma. Chomsky defende que qualquer língua é complexa demais para a criança aprendê-la só copiando as pessoas que a cercam, e isso indica que temos uma capacidade inata para línguas. Mas

Essa placa de travessia de crianças mostra crianças estilizadas; é bem fácil entender o que significa, mesmo que você nunca a tenha visto.

o potencial de aprender parece ter prazo limitado. Alguns especialistas em linguística defendem que há um período fundamental durante o qual a linguagem pode ser aprendida; se as crianças não forem expostas à linguagem nesse período, será difícil para elas aprender mais tarde.

> ***"Sobre o que não se pode falar, deve-se calar."***
>
> Ludwig Wittgenstein, 1921

COISAS SELVAGENS

Durante toda a história, houve relatos de crianças abandonadas e criadas por animais selvagens, geralmente lobos. Às vezes, essas crianças selvagens foram recuperadas e levadas para a sociedade humana. Os estudos mostram que elas têm dificuldade de adquirir a linguagem humana se não foram expostas a ela no início da vida, mas conseguem se comunicar com os animais que a criaram. Um dos casos mais bizarros de criança selvagem é o "menino-pássaro" russo. Foi deixado pela mãe num viveiro com pássaros, e ela nunca falou com ele. Quando encontrado aos 7 anos, ele se comunicava chilreando e batendo os braços.

Noam Chomsky

LINGUAGEM SEM PALAVRAS

Ninguém suporia que crianças pequenas ou pessoas surdas e cegas sejam incapazes de pensar, embora não possam usar a linguagem do mesmo modo que os adultos capazes de falar e ouvir. A "linguagem" não precisa consistir de palavras faladas ou escritas. Alguns idiomas (o sânscrito, por exemplo) só têm forma escrita, outros só têm forma falada. O idioma pirahã pode ser inteiramente "falado" com assovios, porque só tem treze sons distintos que podem ser substituídos por notas assoviadas. E os infogramas? Eles transmitem informações sem usar palavras nem pictogramas estabelecidos. As linguagens de sinais representam palavras com movimentos visíveis, e a linguagem desenvolvida para Helen Keller por sua cuidadora se baseava em movimentos sentidos. As formas de linguagem possíveis vão bem além da fala e da escrita.

A escritora e ativista política americana Helen Keller perdeu a visão e a audição depois de uma doença na primeira infância. Ela triunfou contra probabilidades imensas e usou sua inteligência, coragem, determinação e influência para ajudar os outros.

CAPÍTULO 15

Como Fazer o Que É Certo?

As aplicações práticas da filosofia estão em decidir como agir.

A filosofia afeta o que fazemos na vida cotidiana, como em quem votar, fazer a carteirinha de doador de órgãos ou doar para instituições de caridade.

Tomar decisões

Søren Kierkegaard acreditava que a vida como um todo consistia em escolhas; o dilema para os seres humanos era como escolher dentro da variedade de possibilidades oferecidas. "O que realmente me falta é ter claro na mente o que devo fazer", disse.

Algumas decisões são puramente práticas e não têm dimensão filosófica. Se você vai se deitar ou ficar acordado até tarde para assistir a um filme pode depender da necessidade de se levantar cedo para trabalhar no dia seguinte. Mas muitas decisões contêm um componente ético, algo que torna uma opção moralmente melhor ou pior do que a outra. A filosofia pode ajudá-lo em qualquer decisão que envolva a possibilidade de uma escolha moralmente certa ou errada. E como fazer as escolhas morais corretas?

Siga as regras

Estamos cercados de regras e regulamentos, inclusive as leis da terra, as regras religiosas, as regras e convenções sociais, os códigos de prática profissional e os regulamentos estabelecidos por proprietários, pais, escolas, patrões ou outra figura de autoridade ou poder. Algumas regras têm mais peso do que outras. Se desrespeitamos a lei, podemos esperar punição judicial, mas se violarmos normas sociais podemos também atrair desaprovação. Não subestime o poder da convenção e da tradição: a mãe que deixasse de levar a filha ao amarrador de pés na China do século XVI descobriria que, vinte anos depois, teria nas mãos um fardo impossível de casar (embora um fardo capaz de caminhar). Podemos ser tiranizados por "regras" sociais que não têm força de lei.

As regras religiosas são as únicas que se afirmam especificamente preocupadas com uma vida moralmente boa. Elas formam "arcabouços de valor" que oferecem aos crentes um atalho para a escolha certa. Se sua religião lhe diz que não coma carne de porco e não minta, essas são diretrizes claras, e você não precisa pensar muito sobre fazer ou não essas coisas. Até que ponto um ato é bom ou mau pode ser determinado comparando-o com o conjunto de regras. Julgar a moralidade de uma ação em relação a um conjunto de regras ou uma noção de dever se chama "deontologia" ou "ética deontológica".

MORAL E ÉTICA

Não há diferença substancial entre os termos moral e ética, embora alguns filósofos distingam os dois. Ambos vêm da mesma raiz etimológica e é comum serem usados de forma intercambiável. Comumente, "ética" é mais usado em contextos teóricos (como em "comissão de ética").

A religião tem o monopólio da moralidade?

A religião e a moralidade foram intimamente ligadas durante milhares de anos. Há quem defenda que, sem religião, não há incentivo para ser moral. Por que as pessoas religiosas têm mais probabilidade de seguir a lei moral? Muitas religiões oferecem recompensa (como a salvação) aos que seguem as regras e também podem ameaçar de punição (como a condenação eterna) para assustar as pessoas e forçá-las a obedecer. Assim, talvez os crentes sigam as regras para obter uma recompensa ou evitar uma punição, não porque queiram ser bons.

Essa posição não soa muito moral. Talvez os crentes sigam as regras porque amam Deus e querem agradá-lo. Nesse caso, a recompensa e a punição são desnecessárias; então por que são uma característica tão importante da fé religiosa? Pelo mesmo padrão, o não crente quereria ser bom para agradar os outros seres humanos ou porque ama a virtude. O humanista pode ser moralmente bom sem recompensa nem punição, e talvez o humanista seja *mais* moral do que o crente religioso. Sem dúvida, não há razão para supor que a moralidade seja exclusiva dos religiosos.

> ***"Os motivos para seguir a palavra moral de Deus são morais ou não. Se forem, então a pessoa já está equipada com motivações morais, e a introdução de Deus nada acrescenta. Mas, se não forem motivos morais, então serão motivos de um tipo que não pode motivar apropriadamente a moralidade [...] e chegamos à conclusão de que qualquer apelo a Deus nessa conexão não significa absolutamente nada ou acrescenta o tipo errado de coisa."***
>
> Bernard Williams, 1972

As religiões são deontológicas. É dever do crente seguir a lei de Deus. Mas há muitas religiões no mundo, com definições diferentes do que significa ser "bom". Isso quer dizer que algumas religiões (ou todas) estão erradas ou que o que é "certo" para uma pessoa não é necessariamente certo para outra. É claro que cada crente pensará que seu arcabouço é o certo; como a pessoa de fora conseguirá escolher um deles?

As religiões são boas para reunir as pessoas e fazê-las seguir um conjunto de regras.

Regras ao vento

Se foi adequadamente construído, um arcabouço moral deveria nos guiar para fazer o que é certo. Mas esse "se" é bem grande. Em geral, as regras são projetadas para servir aos interesses de quem está no poder, inclusive os códigos morais no âmago das grandes religiões. Friedrich Nietzsche achava que o cristianismo servia a um propósito político e que usava a promessa espúria de vida após a morte para manter os oprimidos obedientes em seu lugar. Alguns estudos encontraram uma correlação direta entre crime e comportamento imoral e a presença da religião numa sociedade, e a taxa de crimes mais elevada corresponderia a um nível mais alto de crença ou prática religiosa. Isso indica que, sozinhas, as regras não fazem ninguém se comportar de maneira moral.

> ***"Encontra-se esse fato curioso de que, quanto mais intensa foi a religião em qualquer período e mais profunda a crença dogmática, maior foi a crueldade e pior o estado de coisas. [...]Quando se olha o mundo em volta, vê-se que cada pequena partícula de progresso do sentimento humano, cada aperfeiçoamento da legislação criminal, cada passo rumo à diminuição da guerra, cada passo rumo ao melhor tratamento das raças de cor ou cada redução da escravidão, cada progresso moral que houve no mundo foi constantemente combatido pelas igrejas organizadas."***
>
> Bertrand Russell, 1957

Ocasionalmente, todos encontramos deveres ou obrigações conflitantes ou enfrentamos problemas que nos forçam a fazer escolhas difíceis. Às vezes, as regras que seguimos exigirão um curso de ação que nos sentimos incapazes de tomar. Talvez tenhamos de avaliar pretensões conflitantes e escolher a que consideramos mais im-

O amor-perfeito é o símbolo do pensamento livre, da posição filosófica que diz que as pessoas deveriam basear seu pensamento e suas decisões na razão e na lógica, livres de tendências, tradições, costumes, autoridades ou qualquer tipo de pressão intelectual.

portante ou mais cativante. Se segue uma religião, talvez você não consiga ver como aplicar seu código a um problema complexo ou discorde dele se não se aplica às suas circunstâncias (ver o capítulo 16). Você pode pedir ajuda a um orientador espiritual ou ser forçado a recorrer a recursos próprios.

Você só pode tomar decisões morais difíceis se conhecer seus próprios valores, como chegou a eles, como pode defendê-los e como eles se encaixam. Também haverá épocas em que coisas terríveis acontecem. Você precisará de um modo de acomodá-las em sua visão de mundo e em seu arcabouço de valores ou precisará ajustar suas opiniões para levá-las em conta.

PERGUNTE-SE

Os filósofos gostam de usar exercícios intelectuais para testar teorias. Experimente esses três para ver como seus valores o ajudam a tomar decisões complicadas.

- **Você dirige um carro com três passageiros. Houve um deslizamento de terra e a estrada está bloqueada. Não há tempo de parar antes de bater nas pedras do caminho, mas você pode entrar por uma estrada lateral. Infelizmente, há um rapaz no meio dessa estrada estreita. Se a pegar, certamente o atingirá. Você entra na estrada estreita e mata o homem que, não fosse isso, viveria? Ou fica no curso original, talvez matando as quatro pessoas no carro?**
- **Você precisa de uma camisa nova para ir a uma entrevista de emprego, mas não tem muito dinheiro. O único lugar onde pode comprar uma camisa é numa loja que vende roupas baratas. Você assistiu a um documentário sobre a loja, sabe que as camisas são feitas por trabalhadores explorados em outro país e não quer endossar o mau tratamento dos operários, mas precisa de uma camisa. O que faz?**
- **Você encontra provas de que o governo de seu país é horrivelmente corrupto. Vai correr perigo se revelar o que descobriu, mas muitos sofrerão em consequência da corrupção se não revelar. Você revela?**

Há respostas certas e erradas a essas perguntas? São as mesmas para todos em todas as circunstâncias?

Modos de decidir: usar alguns “ismos”

O filósofo inglês Henry Sidgwick (1838-1900) descobriu que o modo como as pessoas tomam decisões éticas, se não estiverem seguindo regras, recaem em três categorias: egoísmo, utilitarismo e intuicionismo.

Egoísmo é escolher a opção que lhe traga mais prazer e menos dor, seja qual for o impacto que cause sobre os outros. Não parece um caminho para uma vida moral. Pode ser atraente no início, mas provavelmente não dará certo, porque as pessoas não vão querer ficar perto de quem é egoísta.

O **utilitarismo** julga até que ponto uma ação é moral sopesando o prazer e a dor totais que causa a todos os envolvidos (ver o capítulo 21). Um ato é moral quando produz mais prazer do que dor para muitos e imoral quando produz mais dor do que prazer. É um ponto de partida bastante bom, mas não é infalível. Às vezes também é difícil fazer os cálculos e mais difícil ainda seguir o caminho que o cálculo mostra ser melhor.

O **intuicionismo** depende de sabermos intuitivamente o que é certo e errado — um palpite ou senso comum. Sidgwick achava que o intuicionismo e o utilitarismo combinavam entre si, porque em geral nossas escolhas instintivas parecem depender da sensação de que algo que prejudique os outros é errado.

Decisões éticas — devo, não devo e posso

Uma decisão ética exige que você decida qual é a coisa certa ou moral a fazer ou decida fazer o que é certo e evitar o que está errado. Por exemplo, se achar um envelope com dinheiro deixado na mesa de uma biblioteca, provavelmente você sabe que deve entregá-lo. Mas aí você tem de decidir se realmente vai entregá-lo. Você pode se convencer de que o dinheiro nunca será devolvido ao verdadeiro dono, então você poderia ficar com ele em vez de deixar que outro fique. Você pode achar que quem deixa dinheiro por aí é culpado se o dinheiro não lhe é devolvido. Ou pode entregá-lo, seja o que for que aconteça ao dinheiro, porque considera errado ficar com ele.

O que você faria se encontrasse um envelope anônimo cheio de dinheiro? Entregaria ou ficaria com ele?

Os atos podem ser divididos em três categorias com o propósito da avaliação moral:

- **Coisas que são exigidas** — em outras palavras, você tem de fazê-las.
- **Coisas que são permitidas** (mas não exigidas) — em outras palavras, você pode fazê-las ou não.
- **Coisas que são proibidas** — em outras palavras, você não deve fazê-las.

Alguns atos encontram concordância quase universal. A maioria dirá que o homicídio é ruim, e ele recai na categoria de atos proibidos — você *não* deve matar os outros. Mas, em muitos casos, há discordância quanto à condição moral de um ato. Para alguns, comer alguns tipos de alimento é proibido, enquanto para outros é permitido e é um ato que não tem nenhum *status* moral específico, nem bom, nem ruim.

De vez em quando, pode haver total discordância entre as pessoas. Alguns consideram a circuncisão dos bebês e crianças pequenas uma exigência ética porque sua fé o ordena; outros dizem que é permissível; e alguns afirmam que é uma violação do corpo de alguém que não deu sua permissão, portanto é moralmente errado e deveria ser proibido. As discussões sobre questões éticas podem ficar acaloradas e até violentas. Quando ligadas a crenças religiosas, podem levar a guerras que duram séculos.

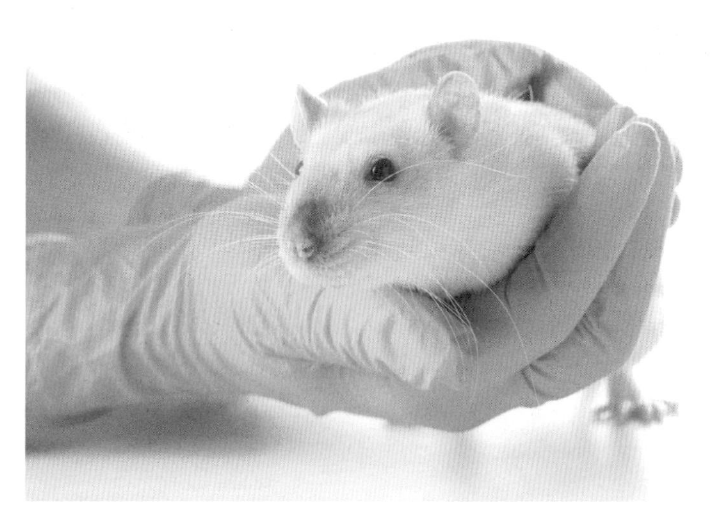

Às vezes, a lógica da moralidade pode ser complicada. É certo ou errado usar animais para testar remédios? Os que defendem o direito dos animais diriam que é absolutamente errado. Mas será aceitável arriscar-se a prejudicar seres humanos não testando os remédios em animais?

O que acontece e o que deveria acontecer

Todos vivemos em sociedades que têm normas culturais, geralmente refletidas na legislação. Muitas vezes, temos bastante confiança de que o que devemos fazer é obedecer à lei, mas às vezes isso pode entrar em conflito com o que sentimos que é certo. Só porque algo acontece não significa que deva acontecer.

Há duzentos anos, muita gente nos EUA tinha escravos. Isso não significa que a escravidão seja ou fosse certa; mas a situação só mudou porque gente suficiente decidiu que a escravidão estava errada. Para as sociedades progredirem, alguém tem de querer virar o barco; alguém tem de decidir que o que *acontece* não é o que *deveria* acontecer. Então essas pessoas tentam mudar a situação.

Se estiver em condições de pensar que coisas deveriam mudar, você precisará de uma boa base em seu próprio pensamento moral para explicá-lo aos outros e convencê-los. Antes de realmente decidir o que fazer, você precisa saber o que pensa e por que pensa. É aí que a filosofia é útil.

CAPÍTULO 16

Deveríamos Queimar Bruxas?

O que é certo ou errado sempre foi assim? Ou varia dependendo da época e das circunstâncias?

Por que o bom é "bom"?

O que é certo e justo é sempre o mesmo? E, de qualquer modo, por que o que é bom é "bom"?

Dedicamos muito esforço a decidir que ações são boas, mas a maioria pouco pensa no que queremos dizer com "bom" ou "moral". George Moore, filósofo britânico do século XX, concluiu que "bom" não é algo que possamos definir. Todos temos alguma noção inata do que é certo e do que é errado. Moore disse que não precisamos abordar a natureza do "bom" pela ciência nem pela ética; só sabemos que é "uma noção simples, assim como 'amarelo' é uma noção simples [...] não se pode explicar o que é bom". Isso pode soar como um tipo de evitação, porque não nos dá nenhuma pista de onde vem esse sentimento nem se é provável que seja igual para todas as pessoas.

GRANDES PERGUNTAS: METAÉTICA

Há três categorias distintas de ética que os filósofos consideraram:

- **A metaética trata das questões abrangentes da natureza do bem e de como podemos distinguir o bem e o mal, se o que é bom é bom o tempo todo e em todos os lugares e se o "bom" sequer existe.**
- **A ética normativa diz respeito ao que as pessoas deveriam pensar que é bom ou mau: se a inveja é ruim, se doar para caridade é bom e assim por diante.**
- **A ética aplicada se preocupa com a aplicação da ética à vida, governando como deveríamos viver e o que deveríamos fazer. Ela pega os princípios estabelecidos pela ética normativa e os põe em prática. Há vários ramos de ética aplicada. Por exemplo, a bioética trata de questões como o uso de embriões humanos na pesquisa médica e a produção de organismos geneticamente modificados.**

Uma sugestão é que a definição de bem é o que pareceria bom a um observador ideal, um ser hipotético com conhecimento completo e controle absoluto da razão. Outra proposta é que é aquilo que um ser onisciente (algum tipo de Deus) consideraria bom. Isso dá origem à teoria da "ordem divina" — a noção de que as coisas são boas ou más de acordo com o que um Deus ordenou. Mas não responde direito à pergunta, porque nos leva a perguntar novamente: Deus ordenou porque é bom ou só é bom porque Deus ordenou? Se for o primeiro caso, ainda há uma fonte de "bem" fora desse Deus, porque ele não tem como escolher o que diz que é bom. Se for o segundo, tudo parece bastante arbitrário, pois tudo o que o Deus ordenasse seria bom — inclusive queimar bruxas —, mas é algo que não aceitaríamos hoje.

Confiar na ordem divina cria outro problema. Pessoas diferentes seguem religiões diferentes; todos os seres divinos não podem ser o árbitro supremo da moralidade. A maioria diria que a única religião (a deles, é claro) estabeleceu o arcabouço moral correto. O fato de haver crenças diferentes não significa que a teoria da ordem divina esteja errada, mas a torna mais difícil de lidar. Se não podemos dizer por que o bem é bom, vale perguntar se ele é alguma coisa: será que o "bem" existe? Isso faz parte da questão maior da existência dos universais — os conceitos abstratos.

Há fatos morais?

É difícil dizer se a ética se baseia em algo "verdadeiro". A maioria supõe que há maneiras pelas quais as coisas do mundo físico funcionam — que há um arranjo específico de planetas no sistema solar, por exemplo, ou que o corpo processa açúcares e gorduras de determinado modo. Há verdades "por aí" sobre essas questões. O mesmo é verdade com a ética? Haverá verdades "por aí" que possam ser descobertas sobre como levar uma vida moral? Alguns filósofos dizem que há ideais de justiça, verdade, moralidade e assim por diante que são independentes dos povos e das

AH, MAS O QUE É "VERDADEIRO"?

Naturalmente, a filosofia também aborda a questão do que queremos dizer com "verdadeiro". Há duas teorias importantes e concorrentes.

A teoria da correspondência da verdade é que, para ser verdadeira, uma afirmativa tem de corresponder a algo verificável no mundo real. É o que a maioria quer dizer com "verdadeiro". Assim, uma afirmativa como "árvores caducas perdem as folhas no outono" é verdadeira. Uma afirmativa como "árvores caducas são belas no outono" não é verdadeira porque algumas pessoas acham as árvores belas e outras, não.

A teoria da coerência da verdade é mais difícil de explicar e entender. Ela diz que é preciso haver um sistema coerente no qual as afirmativas sejam verdadeiras umas em relação às outras, e afirmativas individuais só podem ser verdadeiras se tiverem lugar no sistema. Nesse modelo, a física quântica e a física clássica (que têm elementos que se contradizem) podem ambas ser "verdadeiras" como sistemas. As afirmativas da teoria quântica só são verdadeiras no contexto dessa teoria. Assim, poderíamos dizer "partículas muito separadas umas das outras podem agir juntas simultaneamente"; no contexto da física quântica, isso é verdadeiro porque o sistema o sustenta logicamente, quer seja esse um modelo correto do universo, quer não.

Uma declaração como "Não matarás" não é verdadeira no modelo de correspondência. Ela tenta fazer o mundo se ajustar à sua ideia apresentando uma declaração de fato: você não matará os outros. Então, se alguém então matar outra pessoa, a declaração se torna inverídica. Na versão da coerência da verdade, a declaração "Não matarás" pode ser verdadeira.

sociedades (e dos deuses) — talvez algo como a ideia inata que Moore mencionou ou talvez se trate de algum reino das ideias como o mundo de Platão fora da caverna. Nesse caso, há algo que é "bom" e temos de descobrir o que é.

Uma possibilidade alternativa é que não existe "bem" nem "mal" e que toda declaração do tipo "matar está errado" ou "matar é bom" não é verdadeira. Essas declarações ainda podem ter significado, mesmo sem serem "verdadeiras". Podemos considerar que "matar é errado" é prescritivo e significa "não devemos matar os outros", ou podemos considerá-la emocional, exprimindo desaprovação — "não gostamos que matem". Talvez seja melhor reformular "matar é errado" para mostrar exatamente o que queremos dizer: "não matem os outros" ou "desaprovamos que se matem pessoas".

Tamanho único?

Há algum tipo de código moral genuíno e universal que esteja por trás dessa criação de regras? Algumas coisas serão sempre certas ou erradas? Seria possível extrair um conjunto de regras que pudesse e devesse ser aplicado em todas as épocas e todos os lugares?

Se houver "por aí" algum arcabouço moral geral que temos de descobrir, então a moralidade será absoluta: não mudará com o tempo e o lugar. Se não houver um código moral único, a moralidade é relativa: varia entre as culturas.

Isso tem consequências sobre o modo como vemos e tratamos outros povos e outras culturas e fica cada vez mais importante conforme nossas sociedades se tornam mais multiculturais. Até que ponto devemos respeitar, endossar e proteger a visão moral dos outros?

Tudo muda?

Na Grécia Antiga, era normal que as pessoas tivessem escravos e que homens adultos fizessem sexo com meninos. Essas coisas não eram consideradas erradas. Isso significa que eles estavam errados mas ninguém admitia? Ou que esse tipo de comportamento não era errado naquela sociedade, mas é na nossa? Se assumirmos uma postura absolutista, os antigos gregos estavam errados por serem pederastas donos de escravos ou somos desnecessariamente generosos com os outros seres humanos por não seguir

QUEIMEM AQUELAS BRUXAS

Para o crente, por trás das palavras de Deus há uma intenção específica que deveria ser boa o tempo todo. As religiões se empenham em revelar e promover essa intenção. Mas os textos religiosos são sabidamente ambíguos, crípticos ou contraditórios, e incontáveis guerras religiosas surgiram pelas diversas interpretações do significado das regras. Assim, "Não permitireis que uma bruxa viva" foi levado ao pé da letra no século XVII, mas hoje é ilegal (muitas vezes era ilegal também naquela época, aliás). Estima-se que, entre 1500 e 1800, cerca de duzentas mil "bruxas" foram condenadas e executadas no mundo ocidental.

Se as pessoas que queimavam bruxas acreditavam genuinamente que fossem culpadas, o ato seria imoral? O intencionalismo e o relativismo moral constituem uma defesa da queima de bruxas?

seu exemplo. Se adotarmos uma postura relativista, tudo bem os antigos gregos fazerem essas coisas, mas não está certo que façamos.

É difícil sairmos de nosso contexto social para ver como a situação moral seria vista pelos outros. Talvez daqui a duzentos anos nossos descendentes se perguntem como é que alguém considerava aceitável comer animais ou explorar o ambiente na extensão que exploramos ou ter álcool e fumo como drogas legais. Ou talvez haja alguma outra objeção que nem conseguimos imaginar neste momento.

> ***"Chegará o dia em que o resto da criação animal poderá adquirir aqueles direitos que nunca poderiam lhes ter sido restritos a não ser pela mão da tirania. Os franceses já descobriram que o pretume da pele não é razão para um ser humano ser abandonado sem reparação aos caprichos de um atormentador. Talvez um dia se reconheça que o número de pernas, a vilosidade [pelagem] da pele ou a terminação do sacro [cauda] são razões igualmente insuficientes para abandonar um ser sensível ao mesmo destino."***
>
> Jeremy Bentham, 1789

A visão humanista

O primeiro filósofo ocidental a propor uma forma de relativismo cultural foi Michel de Montaigne, ensaísta francês do século XVI. Numa época em que os exploradores traziam histórias sobre o modo estranho como as pessoas viviam nas terras recém-descobertas, Montaigne defendeu a tolerância: "As leis da consciência, que dizemos nascer da natureza, nascem do costume. Cada homem tem em veneração íntima as opiniões e o comportamento aprovados e aceitos em torno dele."

Montaigne não acreditava que todos os códigos e juízos morais fossem igualmente válidos, mas que cada indivíduo deveria examinar e refletir sobre o comportamento apropriado em cada contexto específico. Essa visão humanista dá a cada um a autoridade de decidir o que considera moral, desde que reflita sobre a questão com inteligência.

Linhas na areia

Assim que aceitamos códigos morais diferentes, as qualidades da tolerância e da consideração se tornam questões importantes. Em geral, ser tolerante e ter consideração por opiniões diferentes é fácil; seria rude e desrespeitoso para um não muçulmano desprezar a observância do ramadã por um colega muçulmano, por exemplo. Questões mais complicadas surgem quando as regras morais de alguém prejudicam ou infringem os direitos dos outros.

Algumas pessoas que criticariam terrivelmente as condições de trabalho de seu próprio país compram roupas baratas feitas em oficinas de fundo de quintal estrangeiras. Isso tem coerência moral? As más condições de trabalho no exterior são aceitáveis porque a alternativa — pobreza e fome — é pior? Ou esse é só um argumento que usamos para limpar nossa consciência?

Geralmente, a mutilação genital feminina é considerada abominável e imoral fora do grupo que a pratica. Em si, a opinião de que é aceitável em algumas sociedades pode ser considerada imoral. Muitos personagens importantes do islamismo falaram contra ela, mas os grupos que a praticam — que preferem chamá-la de cirurgia genital feminina — defendem seu direito de continuar.

Em que ponto o direito de alguém a crenças diferentes não se sustenta mais? Há alguma diferença entre proibir a circuncisão feminina na Europa e tentar impedi-la em países como a Somália e a Etiópia, onde é comum? Temos o direito de tentar impor nossa moralidade a outras culturas? Ou talvez tenhamos a *obrigação* moral de tentar impor nossa opinião sobre outras culturas em alguns casos? (Em 1994, a Organização Mundial da Saúde aprovou uma resolução que proíbe a circuncisão feminina.)

A RELIGIÃO É UM CASO ESPECIAL?

O método *shechitá* de abate exigido pela alimentação judaica é incompatível com a prática de atordoar os animais para tornar o abate mais humanitário. Em alguns países, há exceções à exigência legal de atordoar os animais ao abatê-los com métodos tradicionais judaicos ou islâmicos. Esse compromisso prioriza a sensibilidade religiosa acima dos direitos dos animais. Mas essa é a coisa certa a fazer? De que maneira a religião é "especial", se é que é?

O oposto das regras

Embora ajudem a tornar a vida mais simples, os códigos morais fixos também provocam dilemas quando as regras não parecem corretas ou não levam em conta o contexto. A

Na Idade Média, os cruzados europeus chacinaram milhares de não cristãos inocentes em nome de levá-los à "verdadeira" fé e salvá-los da danação eterna (embora, mais exatamente, as Cruzadas fossem uma desculpa para pilhagem e saque em grande escala). Um cruzado que acreditasse genuinamente na propaganda sentiria a obrigação moral de partir numa Cruzada e "salvar almas".

O uso de símbolos ou roupas com significado religioso foi proibido nas escolas da França em 2004. Geralmente interpretada como a lei que proíbe o véu muçulmano (khimar), ela também se aplica a crucifixos e turbantes.

abordagem adotada em muitas situações em que as decisões morais têm de ser tomadas oficialmente se chama "casuística". Nela, cada caso é tratado de forma independente e examinado à luz de todo conhecimento, circunstâncias, resultados prováveis e contexto para chegar a uma decisão que pareça correta. A casuística opera dentro de um arcabouço legal, mas não tem de seguir nenhum conjunto de regras morais estritas. É a abordagem usada por comitês de ética médica, por exemplo, ao decidir o curso do tratamento de pacientes individuais. Como as circunstâncias de cada paciente diferem, casos que se parecem muito podem ter resultados diferentes.

Nossa reação instintiva às questões morais geralmente faz referência ao contexto. A casuística formaliza isso. Suponhamos que um casal sem filhos deseje que o Estado custeie sua fertilização *in vitro* para ter um filho e outro casal que já tem três filhos também queira. A probabilidade é que o casal sem filhos seja priorizado. Agora, suponha que o casal sem filhos seja de alcoólatras indigentes e que os três filhos do outro casal tenham todos uma doença hereditária fatal. Agora talvez priorizemos o casal com três filhos.

Uma regra só

Um modo de abordar a questão do que é certo ou errado é considerar o que você gostaria que acontecesse consigo se fosse o destinatário da escolha moral de alguém. Não é infalível, porque as pessoas têm prioridades e preferências diferentes, mas é um bom começo.

Geralmente chamada de Regra de Ouro, ela foi proposta por muitos filósofos e religiões desde a antiga Babilônia.

É uma doutrina de reciprocidade, ou seja, é um relacionamento de mão dupla que estabelece sua obrigação com os outros e a deles com você. Ela é formulada de maneira positiva e negativa:

- Trate os outros como gostaria de ser tratado.
- Não trate os outros como não gostaria de ser tratado.

Immanuel Kant pretendia algo parecido quando disse, em 1785: "Só aja de acordo com aquela máxima segundo a qual você gostaria, ao mesmo tempo, que se tornasse uma lei universal." Kant chamou essa regra de "imperativo categórico". Contudo, negava que fosse o mesmo que a Regra de Ouro, pois não há elemento de reciprocidade: não é fazer o que *você* quer e como *você* gostaria de ser tratado, mas o que seria melhor para todos.

A realidade do mundo de hoje é que a ética fundamental da religião não é mais adequada. É por isso que estou cada vez mais convencido de que chegou a hora de encontrar um modo de pensar na espiritualidade e na ética totalmente além da religião."

Tenzin Gyatso, décimo quarto Dalai Lama, 2012

DIREITOS EM VEZ DE AÇÕES

Ao falar contra a lei francesa que proíbe o uso de símbolos religiosos nas escolas, Sharon Smith, ativista antirracismo americana, disse que as mulheres contrárias à proibição combatiam a "opressão imposta pelo Estado" da mesma maneira que as mulheres do Afeganistão que se opunham à obrigação de usar a burca. A questão não é ser forçado nem proibido de usar um item, mas que a escolha de usar ou não seja removida.

"Um homem deveria ser enforcado só por furtar os sapados das crianças mandadas descalças para a morte nas câmaras de gás."

Martha Gellhorn sobre o julgamento de Adolf Eichmann, 1962

CAPÍTULO 17

"Foi Sem Querer" Faz Diferença?

Você deveria ser julgado pelas intenções além das consequências de seus atos?

Todos já fizemos alguma coisa que, sem querer, feriu ou incomodou alguém. Talvez você tenha alegado "mas foi sem querer", na esperança de atenuar a situação. E todos já fomos feridos sem querer pelas ações de alguém. Como nos sentimos quando eles disseram "foi sem querer"? Até que ponto a intenção conta?

Intenções e consequências

Considere essa situação: dois amigos irresponsáveis saem para beber e, separados, voltam dirigindo para casa. Um atropela e mata uma mulher. O outro ultrapassa a luz vermelha do semáforo numa rua vazia e é detido pela polícia. O primeiro é preso por causar uma morte ao conduzir de forma imprudente. O segundo é multado e proibido de dirigir. No mesmo dia, um homem discute com a mulher. Quando ela sai de casa, ele pega o carro, a segue e, de propósito, a atropela. Recebe uma longa pena de prisão por homicídio.

Os dois primeiros motoristas tinham a mesma intenção — ir para casa depressa sem gastar dinheiro com o táxi —, mas as consequências de seus atos idênticos foram muito diferentes. O terceiro motorista tinha uma intenção diferente — prejudicar sua mulher —, mas as consequências foram as mesmas de um dos motoristas do primeiro caso. Como classificar intenções e consequências quando avaliamos a moralidade desses atos? O motorista bêbado deveria receber uma pena maior por ter azar e atropelar um pedestre? E o outro motorista bêbado deveria receber uma pena mais leve porque teve a sorte de não atropelar ninguém? O motorista com intenção assassina deveria receber uma pena maior do que o bêbado, embora as consequências fossem as mesmas?

As intenções contam?

De acordo com Immanuel Kant, na verdade o resultado de um ato não importa, desde que as intenções sejam boas. Assim, quando se joga no rio para salvar alguém que se afoga, a pessoa é digna de elogios, salve ou não o afogado. Até intenções extremamente prejudiciais ainda contam. Se alguém tentar fazer o bem mas, sem querer, prejudicar, o ato é bom porque a intenção era boa. Do mesmo modo, se alguém pretende causar mal mas tudo dá errado e o resultado é benéfico, o ato continua imoral.

Tudo é sobre você

A visão de Kant é intencionalista: a moralidade do ato começa e termina com a intenção por trás dele. Com isso, cada ato diz respeito ao perpetrador, não à pessoa ou pessoas afetadas. Julgar o ato, portanto, é julgar a pessoa que o comete. Exatamente o mesmo ato pode ser moralmente considerado mais ou menos bom dependendo das intenções que há por trás. Se adotarmos uma visão puramente intencionalista, os dois motoristas bêbados deveriam ser tratados da mesma maneira: ambos proibidos de dirigir ou ambos presos.

Sofra as consequências

O ponto de vista oposto é consequencialista: o resultado (consequência) tem importância suprema para decidir como julgar o ato. Num esquema puramente consequencialista, a intenção por trás do ato é irrelevante. De certo modo, isso agrada a nosso senso de justiça. Significa que o motorista bêbado que mata alguém é punido com mais rigor do que o motorista bêbado que não mata, porque causou mais danos.

O ato de dirigir bêbado se encaixa num esquema maior de justiça, represália e dissuasão. Precisamos de nossas penalidades legais para levar em conta tanto as consequências reais quanto as *possíveis*. Uma pena leve demais indica que o crime não é grave. Faz as vítimas se sentirem desvalorizadas e não dissuade os outros de cometer o mesmo ato. Mas as penas duras demais saem pela culatra. Se todos os que dirigissem bêbados fossem condenados como se tivessem matado alguém, isso levaria a outros crimes — como fugir do local de qualquer acidente, ainda que pequeno.

SIR GOWTHER: HERÓI OU VILÃO?

A história medieval de Sir Gowther aborda diretamente o dilema intencionalista/consequencialista. Sir Gowther é concebido quando a mãe é estuprada por um demônio. Quando criança, ele comete todo tipo de ação atroz, como empurrar freiras de penhascos. Isso é fácil de explicar; afinal de contas, ele é cria do demônio. Seu comportamento não melhora quando cresce. Finalmente, alguém explica a Gowther que ele é mau por ser demoníaco e que apenas cumpre seu destino. Isso o perturba muito, pois sua única ambição é agir de um modo perverso e chocante. Para ser o mais contrário possível, ele resolve se comportar bem. Daí para a frente, faz boas ações e frustra as expectativas de todos.

Os atos de Gowther são moralmente bons? Sua intenção não era fazer o bem, mas agir de forma perversa fazendo o bem.

A crença de que a pena de morte era injusta levou à recusa a impô-la. Os júris começaram a considerar inocentes pessoas claramente culpadas, e a pena costumava ser comutada ou abandonada; das 35.000 penas de morte atribuídas de 1770 a 1830, somente 7.000 foram cumpridas. Em vez de impor a pena de morte, os tribunais passaram a impor o "transpor-

O CÓDIGO DE SANGUE

No século XVIII, impôs-se na Grã-Bretanha a pena de morte para um número sempre crescente de crimes. Em 1800, havia 220 crimes capitais, como "estar na companhia de ciganos durante um mês", "forte indício de maldade numa criança entre os 7 e os 14 anos" e "usar disfarce enquanto comete um crime". A pena pretendia ter efeito dissuasório; como disse George Savile no século XVII, "os homens não são enforcados por furtar cavalos, mas para que cavalos não sejam furtados".

te" — a transferência compulsória para a Austrália, colônia britânica na época. A lei foi alterada em 1823 e a pena de morte, removida para todos os crimes, com exceção de homicídio e traição.

Como julgar as consequências?

Como julgar se as consequências são boas ou más? E quem faz esse julgamento? Ele exige o efeito sobre diversas pessoas ou grupos — uma abordagem utilitária. Também pode haver consequências a curto e longo prazos que lançam luz diferente sobre a ação.

LIÇÕES DA ANTIGA CHINA

No século V a.C., o filósofo chinês Mozi propôs a forma mais antiga de consequencialismo. Ele não dava atenção ao bem dos indivíduos e examinava as consequências de uma ação em termos do efeito sobre toda a sociedade. A sociedade se beneficiava da ordem social estável, de riqueza suficiente e de aumento populacional. Como ele viveu numa época de guerras e fomes frequentes, o crescimento da população era uma consideração importante para o Estado sobreviver e não ser dominado por Estados vizinhos.

As consequências podem ser mais ou menos previsíveis. Às vezes, é impossível alguém prever as consequências de suas ações. Suponhamos que, quando pequeno, Adolf Hitler caísse num rio e um bom samaritano de passagem salvasse o menino. A curto prazo, essa é uma boa ação com boas consequências, e o salvador da criança poderia esperar elogios. Mas, em retrospecto, podemos dizer que seria melhor deixar o pequeno Adolf se afogar se as consequências de salvá-lo incluíssem a Segunda Guerra Mundial e o Holocausto. Sem dúvida ninguém pode ser condenado por não prever o futuro distante. Um consequencialista linha-dura diria que o ato é errado quando as consequências são más, não importa se foram ou não previstas por alguém. Mas poucas pessoas deixariam uma criança se afogar com a possível probabilidade de que crescesse e se tornasse um criminoso de guerra.

Agora, suponha que você compre um brinquedo barato para uma criança. É mal feito e defeituoso, mas você não percebe. Ele se quebra e a criança se machuca. As consequências eram previsíveis — outra pessoa talvez notasse que o brinquedo estava com defeito —, mas não foram previstas nem pretendidas. O ato foi moralmente mau? E se você notasse que o brinquedo era defeituoso mas achasse que não tinha importância? Então as consequências seriam previsíveis e previstas, mas não pretendidas. Foi errado dar o brinquedo à criança? Só se você esperasse que a criança se machucasse com o brinquedo as consequências seriam previsíveis, previstas *e* pretendidas.

Quem deveria calcular as consequências prováveis? Se deixarmos isso a cargo de cada indivíduo, a pessoa mais sábia será considerada mais culpada por seus erros, pois seria mais capaz de prever consequências. Alguns filósofos dizem que um observador hipotético e bem-informado, mas imparcial, deveria ser o juiz. É como o julgador ideal da lei inglesa, "o homem do ônibus de Clapham": uma pessoa bastante normal, sem pautas pessoais, sem psicose que pudesse levar a um julgamento estranho e assim por diante. Outros filósofos dizem que só um observador onisciente pode realmente julgar. Isso dificulta que qualquer um se assegure de ter tomado cuidado suficiente ao avaliar as prováveis consequências de suas ações.

A primeira posição é mais liberal e, portanto, exequível, admitindo que, se alguém tomou o devido cuidado para descobrir as consequências prováveis, estará agindo de forma responsável. A probabilidade de provocar um acidente dirigindo depois de beber não é muito remota. Portanto, quem dirige bêbado é negligente ao ignorar o risco, pois um observador bem informado seria capaz de prever o acidente. A probabilidade de uma criança salva de afogamento crescer e se tornar um criminoso de guerra é pequeníssima e imprevisível, portanto pescar Adolf do rio ainda é uma boa ação.

A conclusão do consequencialismo é que nenhum ato é certo ou errado de forma inata, pois seu resultado determinará a moralidade. Até atos que parecem incontestavelmente imorais podem estar certos em algumas circunstâncias.

Deveríamos somente seguir as regras?

A vida seria tediosa se tivéssemos de considerar as consequências prováveis e possíveis de cada ato. Em vez disso, podemos usar o atalho de consultar as regras jurídicas ou religiosas que a sociedade estabeleceu. É o chamado "consequencialismo das regras". Em geral, nosso sistema de regras se baseia numa abordagem consequencialista: imaginamos as regras com base no que pode acontecer em várias circunstâncias. Essas expectativas derivam de experiências passadas. Como frequentemente tem mau resultado, dirigir bêbado é ilegal. Mas há circunstâncias em que as regras não são um guia muito bom. Todo pais tem leis contra matar pessoas; mas se uma pessoa armada abrir fogo numa sala de aula cheia de crianças e a professora tiver de matá-la para proteger os alunos, será considerada uma heroína.

> ***"O melhor argumento a favor do consequencialismo das regras é que ele faz um serviço melhor que os rivais ao combinar e unir nossas convicções morais, além de nos ajudar em nossas discordâncias e incertezas morais."***
>
> Brad Hooker, professor de Filosofia, Universidade de Reading

Avaliar os atos individualmente se chama "consequencialismo do ato". A professora que mata o atirador segue essa abordagem. Como base cotidiana para escolher como agir, não é muito prático, pois cada pessoa tem de avaliar os resultados prováveis e possíveis de cada ato antes de fazer qualquer coisa. A vida seria lentíssima e imprevisível, já que as pessoas avaliariam atos e situações e chegariam a conclusões diferentes.

Em alguns casos, bastaria a demora em decidir para produzir um mau resultado. A pessoa com sabedoria prática faria escolhas melhores do que a inexperiente, a mais jovem ou a menos sábia, e a eficácia seria irregular. Muita gente priorizaria consequências benéficas para si e sua família, enquanto o consequencialismo das regras prioriza os benefícios para a comunidade como um todo ou para a maioria. Em casos excepcionais, como a professora que enfrenta o atirador, o consequencialismo do ato pode trazer o melhor resultado.

Uma posição intermediária é o consequencialismo de dois níveis, associado aos filósofos R. M. Hare e Peter Singer.

Ele combina o consequencialismo do ato e o das regras. Se as consequências de um ato puderem ser previstas de forma confiável, aplica-se o consequencialismo do ato. Se for muito difícil prever as consequências, entra o consequencialismo das regras.

Em alguns casos, atos e inações são considerados equivalentes em termos morais. Assim, se você pudesse salvar alguém por não fazer alguma coisa, como revelar seu paradeiro a criminosos que procuram essa pessoa, então a omissão de agir é um ato moral do mesmo tipo que esconder a pessoa. Mas, em alguns casos, atos e omissões são tratados de forma diferente. Na ética médica, por exemplo, o mesmo resultado — a morte de um paciente terminal — pode resultar de suspender o tratamento, de desligar o apoio à vida ou de tapar o rosto do paciente com um travesseiro. O comitê de ética médica pode aprovar os dois primeiros, mas não o terceiro. O primeiro é uma omissão, o terceiro é um ato e o segundo é intermediário — uma omissão que se torna um ato.

CAPÍTULO 18

Tudo É Justo no Amor e na Guerra?

Quando desculpamos a má ação dizendo que os fins justificam os meios, é verdade? Ou é uma receita para a tirania violenta?

Fins e meios

A opinião de que a moralidade de uma ação depende de suas consequências se chama, sem surpresas, consequencialismo (ver o capítulo 17). Quando falamos que os fins justificam os meios, os fins são as consequências pretendidas.

Os fins justificarão os meios dependendo de:

- se os fins são justificáveis de qualquer maneira
- se os fins foram atingidos
- quais os meios empregados.

Suponha que um Estado invada outro com a intenção de depor um ditador terrível (deixe de lado, por enquanto, a questão de se aquele Estado tem algum direito de se envolver nos assuntos internos do outro). Se o Estado invasor atingir seu objetivo depressa, sem derramamento de sangue, poucos lamentarão a ação. Mas se o Estado invasor matar cem mil civis na busca de libertação, os fins justificam os meios? E se o Estado invasor matar cem mil civis e não conseguir derrubar o déspota? Embora a intenção fosse a mesma, as consequências são diferentes.

Existem guerras justas?

Quando a guerra se justifica? Seria bom dizer que nunca, mas a maioria aceita que, se ninguém se preparasse nem para se defender, logo seríamos dominados por tiranos. A ideia de justificar a guerra é antiga. Ela visa a conciliar dois princípios conflitantes:

- que é errado matar pessoas
- que os Estados têm o dever de defender seus cidadãos e a justiça.

Às vezes, a força e a violência parecem a única maneira de defender vidas inocentes.

O orador romano Cícero defendia que a única razão aceitável para a guerra era apenas a vingança ou a autodefesa, na qual ele incluía a defesa da honra.

Em 2003, uma estátua de Saddam Hussein, governante tirânico do Iraque, jaz no chão depois de derrubada pelo povo. Saddam foi tirado do poder durante a invasão do Iraque por tropas norte-americanas.

Cícero disse que a guerra só poderia se justificar se fosse declarada e se a reparação pelos erros fosse buscada e recusada. A guerra deveria ser o último recurso.

Santo Agostinho achava que a guerra era sempre pecaminosa, mas também reconhecia que as guerras sempre acontecerão. Ele decidiu que, às vezes, elas seriam permissíveis se fossem travadas para deter o pecado. Isso poderia significar expulsar invasores, depor déspotas cruéis etc. Mas a palavra "pecado" é problemática. Os cruzados acreditavam que os muçulmanos eram pecadores infiéis e, se pudesse convertê-los, uma guerra religiosa deteria o pecado. É claro que hoje essa justificativa não seria aceitável. Toda religião poderia afirmar a mesma coisa, e estaríamos para sempre lutando para prevenir o "pecado" dos que seguem a religião errada. Santo Agostinho também permitia a guerra como punição, que hoje não seria considerada uma causa justa. Nem Cícero nem Santo Agostinho sancionariam uma guerra travada por crueldade ou pelo desejo de expandir o território de um Estado.

> ***"Não buscamos a paz para estar em guerra, mas vamos à guerra para que possamos ter paz. Seja pacífico, portanto, na guerra, para vencer aqueles com quem guerreia e trazê-los para a prosperidade da paz.***
>
> ***"A guerra justa pode ser descrita como aquela que vinga injustiças, quando uma nação ou Estado tem de ser punido por se recusar a compensar os males causados por seus súditos ou restaurar o que tomou injustamente."***
>
> Santo Agostinho, século V

Santo Agostinho considerava a guerra justificada se ela fosse o menor de dois males — se prevenisse ou interrompesse um mal maior. São Tomás de Aquino, oitocentos anos depois, examinou os meios empregados na guerra — a "*jus in bello*". No século XVI, estabeleceram-se princípios que se tornaram praticamente universais.

OS ELEMENTOS DE UMA GUERRA JUSTA

A guerra só será considerada justa se cumprir duas exigências:

- ***Jus ad bellum:*** **o uso da força militar é justificada**
- ***Jus in bello:*** **a conduta na guerra foi ética — por exemplo, os prisioneiros foram tratados com justiça.**

Julgar os fins

Para julgar se os fins são bons, precisamos ser capazes de medir o "bem". Isso não é tão simples quanto parece. Em termos gerais, é melhor estar vivo do que estar morto, melhor ser livre do que estar preso (a menos que as pessoas livres passem fome e os presos sejam alimentados). Mas algumas outras coisas são discutíveis? Deveríamos derrubar um ditador para levar a democracia a um país? Quem vai dizer que a democracia é algo bom?

Medidas extraordinárias

Em tempos de guerra e emergência, é comum se imporem regras diferentes. Soldados são fuzilados por desertar, saqueadores são fuzilados por saquear escombros de terremotos ou lojas desprotegidas e inocentes são interrogados ou presos caso possam representar uma ameaça nacional. Na Segunda Guerra Mundial, os japoneses que moravam nos EUA e os italianos que residiam no Reino Unido foram transferidos para campos de concentração, embora não houvesse nenhum indício de que estivessem trabalhando para o inimigo. A maioria sentia que esse era o menor de dois males — que havia menos dano em aprisionar inocentes do que em talvez pôr em risco a população inteira. É um modo utilitário de decidir se os fins justificam os meios.

Uma medida alternativa é nem tentar justificar os meios. Alguns filósofos políticos defenderam que, na guerra, quaisquer meios se justificam quando o fim (a razão para a guerra) se justifica. Se civis inocentes tiverem de morrer para assegurar uma vitória rápida, que seja. Outros acreditam que alguns atos, como o bombardeio de hospitais, nunca serão justificados. Em termos práticos, a brutalidade da guerra costuma superar as posições éticas. Alguns filósofos adotaram uma visão pragmática e disseram que os juízos éticos não podem ser aplicados à guerra. Outros foram além e disseram que a guerra fica totalmente fora do alcance da ética.

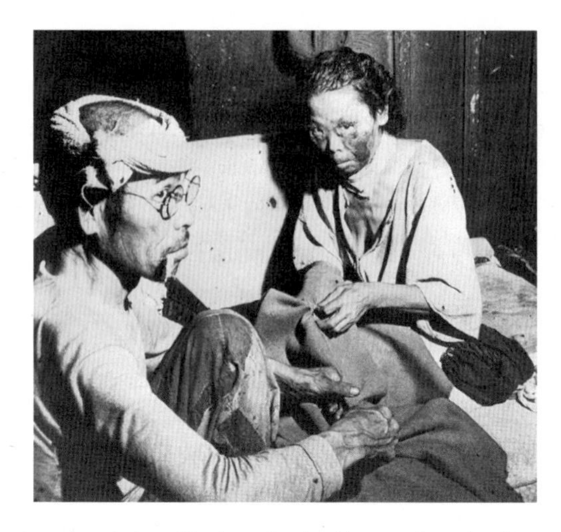

Baixas do bombardeio atômico do Japão no fim da Segunda Guerra Mundial. O imenso custo humano das armas nucleares se justificaria em alguma causa militar?

O ponto de vista do ditador

Nicolau Maquiavel, que registrou em *O príncipe* orientações para líderes políticos, acreditava que os fins sempre justificavam os meios, desde que os fins fossem os fins certos. Para o príncipe (líder político), isso significava manter o poder. Maquiavel era amoral em vez de imoral. As medidas que recomenda voltavam-se somente a ser um governante bem sucedido. Ele excluía o despotismo, não por ser errado, mas porque os déspotas atraem inimigos e é provável que sejam derrubados.

"O novo príncipe não pode fugir à fama de crueldade, pois quem sufoca a desordem com alguns exemplos importantes será, no fim, mais misericordioso."

Nicolau Maquiavel, 1532

A TORTURA PODE SER JUSTIFICADA?

O uso de medidas como afogamento simulado e "rendição extraordinária" — na qual os suspeitos são mandados para países onde a tortura é permitida — questionam o tipo de comportamento permitido em guerras e os meios que podem ou não se justificar para obter os fins.

É possível apresentar um argumento utilitário a favor do uso de tortura. Se produzir informações que protejam inocentes, o dano ao prisioneiro torturado pode ser compensado pelo bem maior. Os argumentos contra a tortura podem ser pragmáticos (não dá certo) ou éticos. Um argumento é que nossa própria postura moral se reduz quando nos dedicamos a um comportamento antiético como a tortura — ou seja, esta é espiritualmente prejudicial ao torturador. Os favoráveis ao uso da tortura costumam chamá-la de outra coisa, como "técnicas aprimoradas de interrogatório". Isso é admitir que a tortura é considerada inaceitável (e ilegal pelos tratados internacionais) e uma tentativa de desviar a publicidade negativa. A desonestidade aumenta a imoralidade?

CAPÍTULO 19

Podemos Fazer uma Sociedade Perfeita?

Os pobres estarão sempre entre nós? Ou conseguiríamos criar um mundo justo para todos?

A maioria de nós reclama da sociedade moderna e de nossos governos nacionais e regionais específicos — isso não é novo. Todo governo da história poderia ter no boletim a frase "poderia ter feito melhor". Mas alguma sociedade poderia ser suficientemente boa?

Imaginar a cidade

Faz 2.400 anos desde que Platão escreveu *A república*, no qual examinou a melhor maneira de governar um Estado hipotético. O modelo de Platão tem reis filósofos no comando, com restrições consideráveis ao que podem fazer. Em sua opinião, só filósofos podem ver a "forma" (o ideal metafísico) da justiça, e isso os deixa mais bem equipados para tentar se aproximar dele na sociedade. Platão não era fã da democracia e a considerava a segunda pior forma de governo depois da tirania.

> ***"Quando várias aldeias se unem numa única comunidade completa, com tamanho suficiente para ser quase ou bastante autossuficiente, o Estado passa a existir, originando-se das necessidades básicas da vida, e continua em existência em nome de uma vida boa. Portanto, se as primeiras formas de sociedade são naturais [isto é, a família e a aldeia], o Estado também o será, pois é o fim daquelas, e a natureza de uma coisa é seu fim. Pois o que cada coisa é quando inteiramente desenvolvida chamamos de sua natureza, quer falemos de um homem, um cavalo ou uma família."***
>
> Aristóteles, *Política*

Outra sociedade imaginária famosa foi descrita por Thomas More em *Utopia* (1516). Não se sabe se More a pretendia como um ideal ou só como uma crítica satírica da Inglaterra contemporânea. Não há propriedade privada

Embora os tiranos pareçam levar uma vida boa, Platão nos garante que o tirano "nunca prova a verdadeira liberdade nem a amizade", como Júlio César aprendeu às próprias custas.

em Utopia; todos os bens são guardados em armazéns e entregues a quem precisa deles. As casas são idênticas, e as famílias têm de se mudar de dez em dez anos para impedir que se apeguem demais a uma só casa. Cada família tem dois escravos, tirados de países vizinhos ou criminosos utopianos. Todos se vestem da mesma forma e têm de trabalhar no campo em intervalos regulares. Exige-se das pessoas que aprendam um ofício útil, e todos os que estiverem em condições físicas têm de trabalhar, com homens e mulheres empregados igualmente em todos os setores. A classe dominante de autoridades é formada pelos identificados em tenra idade como bem equipados para aprender; então, essas crianças recebem educação especial. As autoridades só permanecem no cargo enquanto forem boas no serviço. O ouro é usado para fazer as correntes dos criminosos e, portanto, não é reverenciado; as joias são usadas por crianças e abandonadas na adolescência.

A REPÚBLICA IDEAL

Na república ideal de Platão não há discriminação entre homens e mulheres, que aprendem as mesmas coisas e cumprem os mesmos papéis. Não há escravos; em vez disso, há uma hierarquia social (quatro *estados* ou classes de pessoas) e a mobilidade social é mínima. As crianças são educadas de forma comunal, sem saber quem são seus pais, e os adultos são escolhidos para reprodução com base em critérios genéticos. Isso erradica os laços familiares que podem levar ao nepotismo e forja laços fortes de lealdade ao Estado e ao "bem" comum. Os jovens só aprendem coisas úteis; nada de poesia nem outras artes desnecessárias. A classe dominante não pode acumular riqueza, já que esta leva à corrupção, mas os produtores podem ser ricos ou pobres. Os reis filósofos são escolhidos na classe guerreira e submetidos às restrições mais rígidas. São educados durante cinquenta anos antes de serem convocados a governar.

Há semelhanças entre a Utopia de Thomas More e os Estados comunistas como a URSS.

Há muitas cidades-Estado fictícias subsequentes que propõem genuinamente uma forma ideal de governo ou satirizam a sociedade inadequada do próprio autor. Ao propor de que modo governar um Estado ideal, todas provocam a pergunta: a sociedade perfeita é possível?

> ***"A vida na Utopia de More, como na maioria das outras, seria intoleravelmente chata. A diversidade é essencial para a felicidade, e em Utopia ela quase não existe."***
>
> Bertrand Russell, 1945

Todos juntos?

Tanto Platão quanto More adotavam uma abordagem coletivista: concentram-se na sociedade como um organismo por direito próprio que é mais do que a soma dos indivíduos que a constituem. Seria bom pensar que o que é bom para a sociedade como um todo também seria melhor para os cidadãos individualmente, mas parece que não é bem assim. É provável que poucas pessoas gostariam de viver numa sociedade na qual o cônjuge é escolhido com base genética e os filhos lhe são tirados para serem criados pela comunidade; em que não podem escolher a decoração da casa, as roupas que usam nem o emprego que têm. Essas estratégias visam a reduzir a inveja, a discórdia e a confusão e criam uma sociedade que funciona com perfeição, fornece o suficiente para as necessidades de todos e é bem-sucedida em si. Mas não é um lugar onde todos nós escolheríamos viver.

Hoje, apreciamos muito mais a liberdade e a escolha pessoal e a expressão de nossa individualidade. A maioria faz objeções ao excesso de regulação pelo estado e o compara, pejorativamente, ao estado superregulado de alguns países comunistas. Talvez nossa opinião tenha mudado porque hoje, pelo menos no mundo desenvolvido, muitas necessidades básicas são satisfeitas. Nossa prioridade mudou desde a época de Platão; ficamos mais exigentes.

Por que ter uma sociedade?

Se a sociedade está sempre em estado de tensão entre as exigências do grupo e as do indivíduo, então por que tê-la?

Aristóteles acreditava que as pessoas se reúnem naturalmente para formar sociedades. Nós nos beneficiamos com a vida comunitária, que nos dá segurança, uma variedade maior de bens do que conseguiríamos reunir sozinhos e o benefício da companhia. Por essa razão, nos dispomos a trocar algumas liberdades pelo bem maior oferecido pela vida em sociedade e fazemos um "contrato social".

Thomas Hobbes, filósofo inglês do século XVII, tinha uma visão mais sombria da humanidade. Ele sentia que, se não vivêssemos em sociedade, seria cada um por si e ficaríamos lutando perpetuamente uns com os outros sem fazer nada proveitoso. A sociedade é preferível porque significa que não temos de viver olhando o tempo todo por sobre o ombro para ver se alguém se aproxima com um porrete. Abrimos mão de direitos naturais em troca de um contrato social que nos prende às obrigações morais que nos protegem.

"Em tal condição [isto é, o homem natural, fora da sociedade], não há lugar para a industriosidade, porque seu fruto é incerto e, em consequência, nenhum cultivo da terra, nenhuma navegação, nem o uso de mercadorias que possam ser importadas por mar, nenhuma construção cômoda, nenhum instrumento para mover e remover as coisas que exijam muita força, nenhum conhecimento da face da terra, nenhum registro do tempo, nenhuma arte nem letras, nenhuma sociedade e, pior que tudo, o medo constante e o perigo de morte violenta, e a vida do homem, solitária, pobre, horrível, bruta e curta."

Thomas Hobbes, *Leviatã*, 1651

Hobbes lista as leis da natureza, embora diga que não podem ser realmente chamadas de "leis", pois não há ninguém para impô-las. As duas primeiras são as mais importantes:

(1) Considera-se que todo homem tem direito a todas as coisas.
(2) Todo homem tem de se dispor a abrir mão desse direito se todos fizerem o mesmo.

A razão para as pessoas quererem entrar numa comunidade e escolher serem governadas por outra ou outras é "a previsão de sua própria preservação e de uma vida de mais contentamento". Hobbes considerava os desejos humanos tão variados que tentar construir uma sociedade com base em satisfazê-los seria impossível. Em vez disso, ele sentia que a sociedade poderia ser construída em torno de evitar o mal maior — a morte violenta —, pois muito provavelmente haveria consenso em torno disso.

"Forçados a ser livres"

A opinião oposta à de Hobbes é que a humanidade é mais nobre no "estado natural" do que em sociedade. Jean-Jacques Rousseau, filósofo francês do século XVIII, acreditava que as restrições da sociedade põem para fora o que temos de pior. Ao entrar no contrato social, abrimos mão de nossa liberdade inata e natural. Todas as sociedades existentes (Rousseau queria dizer as de meados do século XVIII) escravizam pessoas sem lhes oferecer a liberdade que merecem. Numa sociedade justa, as leis são escritas e impostas para o bem de todos, e ao escolher a vida em sociedade e aceitar o contrato social, somos libertados. Na verdade, somos

Rousseau afirmava que a sociedade, ao nos apresentar a ideia de querer coisas que os outros têm, nos torna insatisfeitos, invejosos, aquisitivos e infelizes. Não temos esses sentimentos negativos em nosso estado "natural".

"forçados a ser livres", pois somos forçados a obedecer às leis que nos libertam. Rousseau negava que temos direitos individuais porque, no Estado adequadamente constituído, eles não seriam necessários.

O direito à revolução

No caminho do meio entre Hobbes e Rousseau, David Hume e John Locke defendiam que o contrato social e, por extensão, a sociedade têm de garantir aos indivíduos o direito a possuir e controlar propriedades. Quando as pessoas se unem para formar uma sociedade, necessariamente há algum tipo de "soberano" ou líder. Os poderes do soberano são limitados pelo direito de possuir e controlar propriedades. Se o governo violar esse primeiro princípio, o povo tem o direito de se levantar, se revoltar e derrubar o governo para que os princípios sejam restabelecidos.

Quem escolhe?

A maioria dos países não está em condições de escolher uma forma de governo partindo do nada, mas, se tivessem, o filósofo americano John Rawls (1921-2002) tinha a solução. Ele propôs a teoria da Justiça como Equidade para proteger

ESQUERDA E DIREITA

As pretensões opostas da esquerda e da direita na política refletem visões diferentes do papel da sociedade. A esquerda tende à propriedade pública e à provisão pública, com uma abordagem de cima para baixo para consertar a sociedade de modo que funcione. O extremo é o comunismo, com a propriedade dos "meios de produção" e seu funcionamento agindo para o bem do povo. As políticas de direita favorecem a propriedade privada e uma atitude de engenharia social não intervencionista e de *laissez-faire*, na crença de que o livre mercado finalmente levará tudo a se resolver num equilíbrio que dê certo. É meio como um modelo evolutivo darwinista de "sobrevivência do mais apto" das políticas de direita.

Que responsabilidade tem a sociedade com seus membros mais pobres? O pressuposto de que as forças do mercado levariam ao equilíbrio provocou extrema privação entre os pobres na Londres vitoriana.

os direitos individuais e, ao mesmo tempo, promover uma alocação equânime dos recursos. A nova ordem social seria criada por pessoas que partiriam do que Rawls chamava de "posição original", trabalhando atrás de um "véu de ignorância": teriam de projetar o sistema de justiça sem saber qual seria sua própria posição na sociedade. Poderiam acabar como governantes, como o trabalhador mais vil ou como desempregados.

CAPÍTULO 20

Algumas Pessoas São Mais Iguais do Que Outras?

Podemos acreditar na igualdade, mas quantos de nós realmente a promovem?

O que queremos dizer com igualdade?

Numa sociedade, igualdade pode significar muita coisa. Pode significar direitos iguais, igualdade de oportunidades ou acesso igual a recursos, por exemplo. Mas de onde vêm os direitos humanos? E que tipo de direitos ou de igualdade realmente temos?

> ***"Recorda gentilmente que aquele que chamas de teu escravo vem da mesma linhagem, recebe o sorriso do mesmo céu e, nos mesmos termos que tu, respira, vive e morre."***
>
> Sêneca, século I d.C.

A Declaração Internacional de Direitos Humanos estabelece o tipo de direito reconhecido pelo mundo moderno que deveria ser garantido a todos:

- Todos os seres humanos nascem livres e iguais em dignidade e direitos. (Artigo 1)
- Todo ser humano tem capacidade para gozar os direitos e as liberdades estabelecidos nesta Declaração, sem distinção de qualquer espécie, seja de raça, cor, sexo, idioma, religião, opinião política ou de outra natureza, origem nacional ou social, riqueza, nascimento ou qualquer outra condição. (2)
- Ninguém será submetido à tortura nem a tratamento ou castigo cruel, desumano ou degradante. (5)
- Ninguém será arbitrariamente preso, detido ou exilado. (9)
- Todo ser humano, como membro da sociedade, tem direito à segurança social, [...] [aos] direitos econômicos,

> ***"Consideramos essas verdades evidentes por si sós: que todos os homens são criados iguais [e] que são dotados por seu Criador de determinados Direitos inalienáveis, entre eles a Vida, a Liberdade e a busca da Felicidade."***
>
> Declaração de Independência dos EUA, 1776

sociais e culturais indispensáveis à sua dignidade e ao livre desenvolvimento da sua personalidade. (22)

E assim por diante.

Nascemos livres e iguais?

Na Grécia Antiga, Aristóteles observou que nem todas as pessoas nascem iguais. Algumas nascem escravas e nascem "para" a escravidão, outras nascem para serem senhores. Mas isso, como Jean-Jacques Rousseau observou mais tarde, é confundir causa e efeito. A pessoa nascida na escravidão e criada como escrava naturalmente se tornará escrava, mas se tirada da escravidão e dos pais escravos no momento em que nascer, não será diferente das outras. Ninguém é geneticamente escravo.

O pensamento de Aristóteles sobre a escravidão logo foi questionado. Os estoicos propuseram a igualdade essencial dos direitos de todas as pessoas: "Nascemos para a Justiça, e esse direito se baseia não nas opiniões de alguns, mas na Natureza." (Cícero)

A ideia de que a posição social não era uma característica inata do indivíduo e não podia ser imposta com justiça a ninguém, nem mesmo àqueles capturados na guerra, era revolucionária.

Direitos naturais e inalienáveis

A ideia de que todas as pessoas nascem com direitos naturais e inalienáveis ganhou destaque durante o Iluminismo. John Locke se referia aos direitos como "vida, liberdade e propriedade" — um trio que, mais tarde, foi consagrado na Declaração de Independência dos EUA. Os direitos inalienáveis são aqueles que não podem ser cedidos nem tirados quando se entra num contrato social — o contrato que se considera existir entre o cidadão e o governo. A defesa da escravidão que afirmava que os escravos tinham cedido seus direitos voluntariamente foi considerada inválida porque esses direitos naturais não podem ser cedidos.

Outros direitos inalienáveis são o direito de seguir uma fé e o direito à própria personalidade. Muitos regimes tentaram remover esses dois. A perseguição de fés diferentes foi comum durante a história, e as tentativas de suprimir a personalidade foram um marco dos Estados totalitários do século XX.

"Bobagem de muletas"

A ideia de que temos direitos naturais ou de que leis naturais existam se baseia em aceitarmos que há algo "natural", "certo" ou "justo" que existe "por aí". Baseia-se na existência de universais ou, talvez, de um Deus ou entidade chamada Natureza que impõe direitos e regras.

Jeremy Bentham, que chamava a ideia de direitos naturais de "bobagem de muletas", afirmava que os direitos só podem ser criados por governos ou desenvolvidos pela tradição. Não podia haver nada inalienável neles, pois não têm condição especial. Se não são naturais, então também são cultural-

> ***"É um erro imaginar que a escravidão impregna todo o ser do homem; sua melhor parte está isenta dela: o corpo realmente está submetido e sob o poder do senhor, mas a mente é independente e, realmente, tão livre e selvagem que não pode ser restrita nem por essa prisão do corpo onde está confinada."***
>
> Sêneca, o Jovem, século I d.C.

mente relativos: variam com a época e o lugar e são diferentes onde há tradições e sistemas jurídicos diferentes.

> ***"[Todas as pessoas têm] determinados direitos naturais, dos quais não podem, por nenhum pacto, privar nem destituir sua posteridade."***
>
> Declaração dos Direitos da Virgínia, EUA, 1776

O poder é um "direito"?

Para Bentham, o direito só surge quando as pessoas interagem ou entram num contrato social. Se imaginarmos Robinson Crusoe isolado em sua ilha, ele terá direitos? Ou os direitos naturais não fazem sentido em seu estado solitário? Quando Sexta-Feira aparece, Robinson Crusoe tem o "direito" de tratá-lo como criado? A Declaração dos Direitos Humanos o alcança em sua ilha fictícia e lhe dá o direito de possuir propriedades? Dá a Sexta-Feira o direito de possuir parte da ilha?

Cálicles, que viveu em Atenas há 2.500 anos, acreditava que o mais forte dentre nós predominará e deveria predominar, e que esse é o único estado "natural". O darwinismo social pega a ideia de "sobrevivência do mais apto" e a aplica à sociedade (embora não da maneira que Darwin pretendia) para justificar o triunfo dos fortes sobre os fracos. Se as pes-

> ***"Todo homem é responsável por sua fé e por si tem de cuidar para que creia corretamente. Assim como outro não pode ir para o inferno nem para o céu por mim, também não pode crer nem descrer por mim; e assim como não pode abrir nem fechar o céu nem o inferno por mim, também não pode me levar à fé nem à descrença. Portanto, como a crença ou descrença é uma questão da consciência de cada um e como isso não reduz em nada o poder secular, este último deveria se contentar em cuidar de seus assuntos e permitir que os homens creiam numa coisa ou noutra, como forem capazes e estiverem dispostos, e não obrigue ninguém pela força."***
>
> Martinho Lutero, 1523

soas tiverem "alguns direitos inalienáveis", de onde eles vêm? Se forem concedidos pela sociedade, não serão universais nem naturais.

> ***"O direito não é filho da doutrina, mas do poder. Todas as leis, mandamentos ou doutrinas, como não fazer aos outros o que não queremos que nos façam, não têm nenhuma autoridade inerente e só a recebem do porrete, da forca e da espada. O homem verdadeiramente livre não tem nenhuma obrigação de obedecer a uma ordem, seja humana, seja divina. A obediência é a marca do degenerado. A desobediência é o selo do herói."***
>
> Resumo de Leão Tolstoi sobre a posição apresentada pelo panfleto darwinista social *Poder é direito*, 1890

Desigualdade natural

Uma rápida olhada na massa da humanidade mostra que, mesmo que nasçamos com direitos naturais iguais, não nascemos com capacidades iguais. Algumas pessoas são mais fortes, mais bonitas, mais inteligentes ou mais musicais do que as outras. Nossas qualidades e capacidades individuais não são iguais, e a sociedade valoriza umas mais do que outras.

Culturas diferentes valorizam qualidades diferentes. No passado, a força física era um atributo mais valioso do que hoje, quando não precisamos lutar com animais selvagens nem trazer caça para comer. Algumas qualidades valorizadas parecem ilógicas: pagamos muito dinheiro aos jogadores profissionais; valorizamos muito alguns atores, escritores, pintores e músicos. O fato de não sermos todos iguais em habilidade natural cria valor, e o valor produz mais tipos de desigualdade.

Oportunidades iguais?

O direito a oportunidades iguais ou a tratamento igual não é reconhecido universalmente, mas está presente em alguns

Da década de 1920 à de 1970, as crianças dos kibutzim israelenses foram criadas de forma comunal e só passavam duas ou três horas por dia com os pais. Nurit Leshem, que cresceu num kibutz, diz: "Fomos educados para sermos iguais; mas, apesar de tudo, éramos diferentes".

sistemas jurídicos. É difícil de conseguir, pois as crianças começam a vida em posições diferentes e com pais diferentes. É direito dos ricos pagar escolas melhores para os filhos, dar-lhes uma vantagem clara e bem paga não disponível aos outros?

O que é oportunidade e até que ponto pode ser igual?

É difícil definir igualdade de oportunidade. Oportunidades iguais de concretizar nosso potencial pessoal exigirão providências desiguais: a criança musical se beneficiará de aulas de música que talvez não adiantem para a criança que se destaca nos esportes.

Como em qualquer problema relativo às sociedades existentes, não partimos de um campo de jogo nivelado. Algumas pessoas têm vantagens naturais em virtude do nascimento e algumas podem ter desvantagens por razões históricas. Uma resposta a isso é a discriminação positiva, que Rawls chama de "igualdade justa de oportunidades", para tentar compensar as desvantagens. É uma medida controvertida que provoca objeções — uma das principais, que faz exatamente aquilo a que deveria se opor —, porque favorece uma pessoa em relação a outra com base em nascimento, etnia, gênero e assim por diante.

> **"Deve-se permitir a todos os membros da comunidade que atinjam qualquer grau de posição social [...] ao qual seu talento, seu empenho e sua sorte o levem; e os outros súditos não devem atrapalhar seu caminho [devido a] prerrogativas hereditárias."**
>
> Immanuel Kant

O filósofo político Robert Nozick (1938-2002) e o economista Milton Friedman (1912-2006) se opuseram às medidas de oportunidades iguais porque achavam que restringiam o direito dos outros de empregar quem preferissem e usar suas propriedades como achassem adequado.

Alguns são mais iguais do que os outros

No romance *A revolução dos bichos*, George Orwell satirizou a URSS no governo de Stalin e Lênin e mostrou que uma revolução que buscasse tornar todo mundo igual logo levaria a uma sociedade repressora na qual alguns passavam fome e outros prosperavam.

Os economistas acharam impossível criar ou mesmo modelar uma sociedade na qual não surja a desigualdade horizontal — desigualdade entre pessoas de habilidade equivalente e ponto de partida igual. Robert Nozick deu um exemplo de como essa desigualdade aparece. (Ele o usou para argumentar contra a tentativa de impor a igualdade de riqueza.) Suponhamos que a sociedade comece com todo mundo possuindo 100 dólares (60 libras). Um desportista — o jogador de basquete Wilt Chamberlain, em seu exemplo — diz que só jogará em público se todos que quiserem assistir pagarem 25 centavos. No fim da temporada, o desportista tem 250.000 dólares (150.000 libras), porque muita gente queria assistir a seus jogos. Deram-lhe livremente seus 25 centavos. Por que tiraríamos esse dinheiro dele? A igualdade de oportunidade envolve oportunidades iguais de ter sucesso ou fracassar, de ficar rico ou pobre, e se torna inerentemente incompatível com a igualdade do resultado. O que preferimos? Os políticos de direita tendem à igualdade de oportunidade e os de esquerda, à igualdade de resultado.

Numa sociedade que pretendia tratar todos os cidadãos da mesma maneira, a URSS tinha programas para identificar e incentivar o talento nos esportes e na música, mas para a glória do Estado e não para a realização do indivíduo.

No mundo economicamente desenvolvido, muita gente apoia a igualdade de oportunidade, mas quer limitar o fluxo de imigrantes. Legislamos a favor do tratamento justo dos empregados em nossas terras, mas compramos mercadorias baratas feitas por trabalhadores em péssimas condições no exterior. Dizemos que homens e mulheres têm direitos iguais e que pessoas de origem étnica diferente têm direitos iguais, mas, em média, as mulheres ganham menos do que os homens, e os negros ganham menos do que os brancos e têm mais probabilidade de serem presos. Queremos mesmo dizer que todas as pessoas nascem iguais ou só as "pessoas iguais a nós?"

CAPÍTULO 21

Deveríamos Roubar Pedro Para Pagar Vários Paulos?

Como equilibrar os direitos do indivíduo com os direitos de muitos?

Em 2013, a economia cipriota estava numa situação terrível. Numa medida impopular sem precedentes, o governo de Chipre decidiu tomar até 60% dos depósitos bancários acima de 100.000 euros (82.000 libras esterlinas, $ 138.000 dólares). A medida visava especialmente aos oligarcas russos que usavam a ilha como paraíso fiscal, mas era inevitável que atingisse alguns cidadãos comuns. O governo acreditava que, tirando dinheiro dos investidores mais ricos, poderia, potencialmente, poupar um grande número de cipriotas mais pobres de muita dificuldade se a moeda e o setor bancário desmoronassem. Isso torna a ação correta?

O maior bem para o maior número

O sequestro de dinheiro cipriota pode ser defendido com o princípio do utilitarismo, com base na premissa de que as ações são moralmente boas ou más de acordo com sua capacidade de maximizar a felicidade e minimizar a dor. As ações que trazem o maior benefício ao maior número de pessoas são escolhidas em vez das alternativas. "Felicidade" é considerada como prazer e liberdade da dor. Prazer não é só vinho, sexo e canções e inclui prazeres intelectuais elevados.

O utilitarismo é altruísta e igualitário, talvez demais. A felicidade de todos conta igualmente, e às vezes o utilitarismo exigirá sacrifícios pessoais. A maior parte dos códigos morais e jurídicos e até as simples boas maneiras são construídos, pelo menos de forma aproximada, sobre uma base utilitária. Em geral, é melhor proibirmos roubos, para que todos possamos ter bastante confiança de co-

> ***"As ações são corretas na proporção em que tendem a promover felicidade, erradas quando tendem a produzir o inverso da felicidade."***
>
> John Stuart Mill, 1863

> *"O prazer e a liberdade da dor são as únicas coisas desejáveis como fins. [...] Todas as coisas desejáveis são desejáveis pelo prazer a elas inerente ou como meios para a promoção do prazer e a prevenção da dor."*
>
> John Stuart Mill

O "CÁLCULO FELICÍFICO"

Nem sempre é óbvio qual curso de ação produzirá o maior bem. Jeremy Bentham (1748-1832), criador do utilitarismo clássico, produziu o "cálculo felicífico" para ajudar a resolver problemas complicados de moralidade utilitária. Ele leva em conta cada prazer e dor produzidos por uma ação e os classifica em seis aspectos:

- **Intensidade**
- **Duração**
- **Certeza ou incerteza: qual a probabilidade de que ocorra?**
- **Propinquidade ou afastamento: com que rapidez ocorrerá?**
- **Fecundidade: qual a probabilidade de produzir mais sensações do mesmo tipo?**
- **Pureza: qual a probabilidade de produzir mais sensações do tipo oposto?**

O total de pontos de prazer e dor deve, então, ser multiplicado pelo número de pessoas que serão afetadas de cada maneira. Se o cálculo final mostrar um saldo de prazer, o ato será aprovado. Se mostrar um saldo de dor, o ato será considerado má ideia.

lher os frutos de nosso trabalho. Senão, passaremos muito tempo olhando por sobre o ombro para ver quem está se esgueirando com a intenção de furtar nosso espetinho ou tablet. Em termos gerais, o utilitarismo parece funcionar bastante bem.

Pessoas como meio de troca

Há objeções lógicas ao utilitarismo. Uma é que parece desumano, comerciando com a felicidade humana como se fosse uma mercadoria econômica. Parece compactuar com o abuso de poucos por muitos. Se cem mil romanos gostarem de assistir ao dilaceramento de um escravo por leões no Coliseu, o prazer do público será suficiente para compensar a agonia do escravo? Poderíamos dizer que o sofrimento do escravo é tão imenso que pesa mais do que o prazer dos alegres espectadores. Ou poderíamos dizer que os espectadores não gozam a verdadeira felicidade e que a degradação envolvida em assistir a um evento desses seria mais adequadamente chamada de dor do que de prazer.

Mas há outros casos em que a resposta do bom senso a uma pergunta e a resposta utilitária discordam.

A seu próprio pedido, Jeremy Bentham foi transformado num ícone de si mesmo depois que morreu. O corpo foi dissecado e depois o esqueleto foi coberto de palha e vestido. A cabeça do ícone é uma cópia de cera, porque a cabeça real parece bastante diabólica (entre seus pés) e, normalmente, não é exposta. Às vezes, Bentham participa de reuniões do University College London, onde fica indicado como "presente mas sem voto".

Há circunstâncias em que sentimentos pessoais podem impedir alguém de fazer a coisa "certa". Imagine que você seja mantido como refém com mais dez pessoas. Os que mantêm os reféns querem matar uma pessoa específica, mas não conseguem identificá-la. Você sabe quem é. Se ninguém identificar o alvo, metade dos reféns vai morrer. Se você identificar a pessoa, eles só a matarão. Você identificaria a pessoa? E se fosse você a pessoa? E seu filho ou cônjuge fosse a pessoa?

O utilitarismo exigiria que você revelasse aquela única pessoa para salvar cinco. Mas sua consciência, seu envolvimento emocional e seu interesse próprio provavelmente afetarão sua decisão. Um dos problemas do utilitarismo é que ele nos exige que atuemos de acordo com uma lógica matemática clínica — e as pessoas raramente são assim.

Pedros e Paulos

Todos os sistemas econômicos tentam encontrar o equilíbrio entre tirar dinheiro dos ricos e dá-lo aos mais pobres. Visar ao maior bem para o maior número é um modo eficaz de se manter no poder. Numa democracia, as pessoas não votarão num governo que erre esse equilíbrio. No pior dos casos, o povo se revoltará para derrubar um governo que erre muito. Mas, se a maioria estiver feliz, é provável que o governo seja estável.

A percepção geral da crise bancária que começou em 2007 é que a ganância de um pequeno número de pessoas causou sofrimento a um grande número de pessoas mais pobres. O movimento dos 99% afirma representar 99% da sociedade, a parte que não lucrou com os anos de expansão bancária. O

EXERCÍCIO INTELECTUAL: O HOSPITAL NADA HOSPITALEIRO

Suponhamos que cinco pacientes num hospital precisam de transplantes de órgãos vitais para sobreviver. Um paciente que não tem nenhuma doença fatal se interna para uma cirurgia de rotina. O cirurgião poderia matar o paciente, fazer parecer que foi um infortúnio e usar seus órgãos para salvar outras cinco pessoas. É imoral matar um para salvar cinco? Ou o cirurgião deveria curar o paciente saudável e deixar os outros morrerem? O senso comum nos diz que o cirurgião não deveria matar o paciente saudável. Se perguntassem por quê, a maioria diria que a morte das cinco pessoas seria um infortúnio aleatório, mas matar deliberadamente uma pessoa saudável seria homicídio. Talvez digam que o cirurgião não tem o direito de decidir quem vive ou morre. Mas ele não decidirá de qualquer modo, assim que as opções fiquem claras para ele?

Negociar com sequestradores exige equilibrar as vidas em perigo naquele momento e a possível consequência futura de mais sequestros.

uso desse número se aproveita da tendência utilitária natural de acreditar que o maior benefício para o maior número é a melhor maneira de calcular a moralidade de um ato.

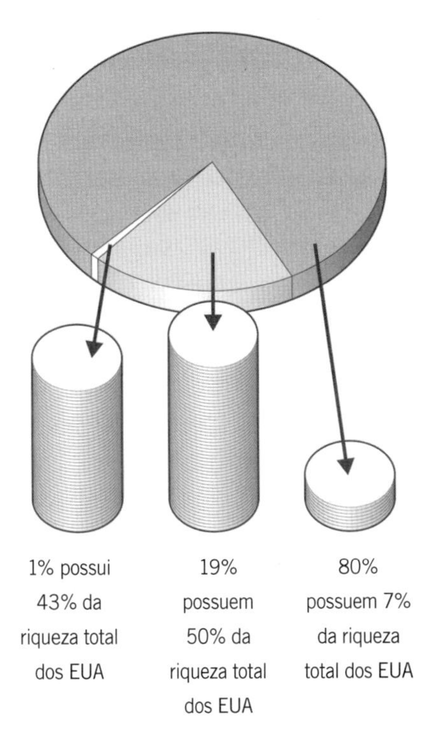

Em 2007, pouco antes da crise financeira, 1% da população norte-americana possuía 43% da riqueza do país. Os 80% inferiores possuíam apenas 7% da riqueza.

CAPÍTULO 22

Como Definir uma Vida Virtuosa?

É possível fazer sempre o que gostaríamos que nos fizessem?

O princípio da Regra de Ouro é que devemos tratar todos da maneira que gostaríamos de ser tratados (ver o capítulo 16).

Viver virtuosamente

As pessoas que tentam levar a vida mais pura e virtuosa são poucas e bem afastadas. Um modo de fazer isso é passar a vida a serviço dos outros ou, pelo menos, interagir honesta e francamente com eles.

Outra maneira é abster-se dos adornos da vida normal e buscar uma forma de iluminação ou tranquilidade por meio da contemplação ou da oração. Até hoje, parece que nenhum filósofo adotou uma abordagem que envolva ter quatro casas, uma série de pôneis para jogar polo e um iate.

> ***"E, outra vez vos digo que é mais fácil passar um camelo pelo fundo de uma agulha do que entrar um rico no reino de Deus."***
>
> Mateus: 19, 24

A vida altruísta

O filósofo grego Diógenes (400-325 a.C.) levou a extremos a abstenção de posses materiais. Asceta supremo, ele passou a residir num grande vaso na feira e possuía o mínimo possível. Tinha alguns trapos e uma vasilha para beber. Pelo menos tinha uma vasilha para beber, mas, quando viu um menininho bebendo com as mãos em concha, percebeu que a vasilha era um luxo de que podia abrir mão e a jogou no chão. Não ganhava dinheiro, porque isso claramente seria aceitar o materialismo que desprezava, e vivia de alimentos que lhe davam ou que encontrava. Diógenes ensinava que o caminho da felicidade era viver "de acordo com a natureza" — satisfazer as necessidades mais básicas do corpo da forma mais simples possível e rejeitar todas as posses, apegos e laços pessoais. Ele

Diógenes morava num vaso e rejeitou todas as posses materiais para atingir a iluminação pessoal.

exigia que seus seguidores se expusessem deliberadamente ao desdém e ao ridículo como treino de desapego.

O imperativo categórico de Immanuel Kant afirma que deveríamos agir com os outros como gostaríamos que todos agissem conosco. Essa teoria foi imortalizada pelo personagem Mrs. Doasyouwouldbedoneby (Sra. Façaoquequiserquelhefaçam), em *The Water Babies*, de Charles Kingsley. O ascetismo moral de Kant afirma que a correção ou incorreção de nossas ações não depende de suas consequências, mas de cumprirem nosso dever. Não nos cabe decidir se um comportamento específico é "certo" ou moral; essa avaliação só pode ser obtida pelo uso da razão prática. A virtude, disse Kant,

> ***"Só ajas de acordo com aquela máxima segundo a qual, ao mesmo tempo, desejarias que aquela ação se tornasse uma lei universal."***
>
> Immanuel Kant, 1785

precisa "reunir todas as suas forças para superar os obstáculos que tem de enfrentar [...] [e] sacrificar muitas alegrias da vida." No entanto, nem tudo é tristeza, porque em seguida ele diz que a virtude consiste de "um estado de espírito alegre", uma noção forte do próprio valor íntimo e a "consciência da liberdade restaurada".

POLE DANCE NO ESTILO SÍRIO

Os estilitas foram antigos ascetas cristãos que viviam no alto de colunas ou pilares no deserto. Provavelmente quem criou a tendência foi Simeão Estilita, que escalou seu pilar na Síria em 423 e lá ficou até morrer 37 anos depois. Houve variações. Teodoreto de Cirro, contemporâneo de Simeão Estilita, escreveu sobre um eremita que conheceu e que viveu dez anos numa bacia suspensa em mastros, e dizem que Santo Alípio construiu um pilar e morou nele durante 67 anos. Nos primeiros 53 anos, ficou em pé, mas quando os pés não aguentaram mais a tensão, deitou-se. Incrivelmente, dizem que viveu até os 118 anos.

Para encontrar a tranquilidade de que precisava para sua devoção, São Simeão Estilita passou 37 anos vivendo no alto de um pilar.

Troca-troca

Na Europa medieval houve muitos frades e monges andarilhos, que viviam de doações de caridade e, em troca, rezavam pelas almas da sociedade que os sustentava. Trocavam orações e sabedoria, que o povo considerava mercadorias valiosas, por comida e outras necessidades. Cada pessoa que dava a um frade o fazia por vontade própria e, sem dúvida, sentia que seu ato de caridade era enobrecedor ou lhe comprava alguma remissão.

O imperativo de Kant costuma ser aplicado a estilos de vida que parecem egoístas. A sociedade entraria em colapso se todos vivessem como bilionários; tivemos mostras recentes disso na crise financeira que se seguiu aos desastres bancários de 2008. Gente demais vivia além de seus meios, de um modo que nem sua renda nem a produtividade da sociedade sustentaria.

Muitos sistemas se baseiam na premissa de que a maioria fará a coisa "certa" ou moral. Durante a crise da Covid-19, em 2020, a maioria dos países adotou a política de restringir a movimentação, forçando ou in-

A eficácia da vacinação depende da imunidade de rebanho. Optar por não vacinar significa que muitos correm risco por causa de poucos.

centivando os habitantes a ficar em casa e a suspender o trabalho e a socialização. A intenção era desacelerar a disseminação da doença para proteger os membros vulneráveis da sociedade e os trabalhadores do setor de saúde. Foi preciso restringir a liberdade individual, com a cooperação da maioria do público, para proteger toda a comunidade. A maioria obedeceu a restrições consideradas inconvenientes e até punitivas por avaliar que serviam ao bem comum. Alguns vociferaram objeções e protestaram que os seus "direitos" individuais tinham precedência sobre o benefício a toda a comunidade.

MMR: UMA AULA PRÁTICA SOBRE IMPERATIVO CATEGÓRICO

Em 1998, um artigo fraudulento publicado na revista médica *The Lancet* afirmou que a vacina tríplice MMR, que protege as crianças de sarampo, caxumba e rubéola, poderia provocar autismo. Em consequência, o número de pais que vacinam os filhos caiu. Em 2008, o sarampo era novamente endêmico (circulava na população em geral) no Reino Unido, depois de um declínio constante de casos nos quatorze anos anteriores. Esse foi um resultado direto da queda da vacinação. As doenças das quais a MMR protege podem causar lesões duradouras ou morte de crianças.

Quando pessoas suficientes são vacinadas, os poucos não vacinados são protegidos pela "imunidade do rebanho" — a imunidade da maioria, que torna dificílimo que a doença circule. Quando pessoas insuficientes são vacinadas, todos os não vacinados se tornam vulneráveis. Os pais têm o direito moral de depender da imunidade de rebanho (resultado da ação responsável dos outros) em vez de aceitar o risco minúsculo da vacina?

Mais tarde se provou que a vacina não causava autismo, mas a perda da imunidade de rebanho levou a muitos casos de doença e quatro mortes no Reino Unido.

CAPÍTULO 23

Um Robô Pode Pensar Por Conta Própria?

Quais são os limites da inteligência artificial?

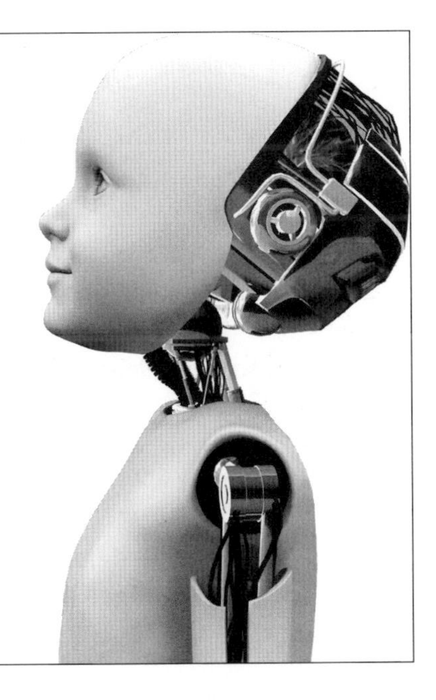

Os filmes e romances de ficção científica costumam representar um mundo tomado por robôs artificialmente inteligentes que então passam a destruir os seres humanos. Há alguma possibilidade de que isso aconteça? E deveríamos permitir um estado de coisas em que aconteça?

Medo primal?

A palavra "robô" foi usada pela primeira vez na peça *R.U.R.*, de 1920, do escritor tcheco Karel Čapek, na qual uma raça de robôs capazes de se autoduplicar, construída originalmente como escravos, se revolta contra seus senhores e tenta destruir a humanidade. Assim, o medo

AS TRÊS LEIS DA ROBÓTICA

O escritor de ficção científica Isaac Asimov estabeleceu as três leis da robótica em seu conto "Brincadeira de pegar", publicado em 1942:

1. **O robô não pode ferir um ser humano nem, por omissão, permitir que um ser humano sofra algum mal.**
2. **O robô tem de obedecer às ordens dadas por seres humanos, a não ser que essas ordens entrem em conflito com a Primeira Lei.**
3. **O robô tem de proteger sua própria existência, desde que tal proteção não entre em conflito com a Primeira ou a Segunda Leis.**

Mais tarde, Asimov acrescentou a "zerésima" lei:

0. **O robô não pode prejudicar a humanidade nem, por omissão, permitir que a humanidade seja prejudicada.**

de os robôs assumirem o controle é tão antiga quanto os próprios robôs. Por mais improvável que pareça, será uma possibilidade? A rebelião ativa exige inteligência artificial (IA), algum raciocínio e aprendizado que vão além da simples programação.

A singularidade

Em 1993, o matemático Vernor Vinge propôs o evento chamado "singularidade" — o ponto em que a IA excede a capacidade humana e consegue projetar versões cada vez melhores e mais poderosas de si mesma, levando rapidamente a uma inteligência muito além de nossa compreensão. Nesse ponto, disse Vinge, "a era humana acabará". A singularidade é o ponto de partida para os escritores de ficção científica que postulam que as máquinas estão assumindo o comando, nos destruindo, nos usando como escravos ou até produzindo um paraíso para vivermos. Como são mais inteligentes do que tudo o que conseguimos conceber, não podemos prever o que farão. A melhor previsão ou melhor "facada no escuro" de quando isso acontecerá é por volta de 2025-2045, com base nas tendências do desenvolvimento da capacidade de computação.

> ***"Não há segurança contra o desenvolvimento final da consciência mecânica, no caso de as máquinas possuírem pouca consciência agora. Um molusco não tem muita consciência. Reflita sobre o avanço extraordinário das máquinas nas últimas centenas de anos e observe como os reinos animal e vegetal avançam devagar. As máquinas mais organizadas não são tanto assim criaturas de ontem, mas dos últimos cinco minutos, por assim dizer, comparadas ao passado."***
>
> Samuel Butler, *Erewhon*, 1872

O que é inteligência?

Não há definição de inteligência universalmente aceita, e é difícil dizer exatamente o que significa inteligência artificial. A maioria diria que não é simplesmente a capacidade de calcular coisas seguindo regras; nisso, os computadores já são muito melhores do que nós. Parece que a inteligência envolve a capacidade de aprender, de dar saltos criativos e de forjar vínculos ou ver conexões que não sejam óbvias. A inteligência humana produz piadas e metáforas, interpreta e usa nuances, interpreta contextos e identifica pistas no comportamento dos outros.

Em teoria, um médico-robô com IA poderia fazer diagnósticos mais rápidos e exatos do que um médico humano. Poderia armazenar os detalhes de milhões de doenças, correlacionar os sintomas e recomendar um tratamento.

IA PROIBIDA

Além dos roteiros de ficção científica em que os robôs assumiram o poder, há aqueles em que a IA foi proibida ou derrotada. A Jihad Butleriana ocorre na história anterior dos romances *Duna*, de Frank Herbert, passados num futuro distante. Numa revolta ocorrida dez mil anos antes dos eventos de *Duna* (publicado em 1965), determinadas tecnologias, como IA e computadores, foram proibidas e sua reinvenção banida com o mandamento "Não fareis uma máquina semelhante à mente humana".

Mas os seres humanos têm algo inigualável a oferecer (neste momento, quero dizer). Com sua intuição e experiência, o médico humano consegue dizer se o paciente que se queixa de dor de barriga tem uma doença subjacente (depressão, por exemplo) e vergonha ou medo demais para falar dela. Talvez o computador não perceba isso.

Até que ponto estamos perto?

Dependendo de a quem você pergunte, já temos computadores genuinamente conscientes e inteligentes ou estamos a anos de consegui-los.

Os neurologistas destacam a complexidade do cérebro dos animais e dizem que os computadores ainda não são capazes de emular nada além dos organismos mais simples. A internet como um todo não é tão complexa quanto as conexões dentro de um único cérebro humano — sem falar de todas as outras coisas que o cérebro pode fazer. Os cientistas da computação ressaltam a maneira como estão modelando neurônios e começando a construir "cérebros" de maneira modular, emulando a estrutura de cérebros e sistemas nervosos reais (mas não necessariamente humanos). Alguns desenvolvedores de IA indicam que, na verdade, não é necessário imitar o cérebro humano para produzir inteligência.

O TESTE DE TURING

Alan Turing (1912-1954), pioneiro da computação, propôs um teste para determinar se a IA foi obtida e se é possível dizer que um computador pensa como um ser humano. O computador passa no teste de Turing se um interrogador humano não conseguir distingui-lo de outro ser humano numa conversa. Turing acreditava que seria melhor emular a mente de uma criança e educar esse computador-criança do que tentar construir um computador como um cérebro adulto.

Uma das objeções ao critério de Turing é sua exigência de que a inteligência de máquina seja muito parecida com a inteligência humana. Como afirmaram Stuart Russell e Peter Norvig em seu livro *Inteligência artificial* (1995), não exigimos que o avião voe tão bem a ponto de enganar as aves antes de aceitarmos que pode voar. Na verdade, só quando desistimos de tentar copiar o modo como as aves voam é que conseguimos fazer aviões que funcionassem.

Mas seria um cérebro?

> ***"Se a máquina se comporta de forma tão inteligente quanto um ser humano, então ela é tão inteligente quanto um ser humano."***
>
> Alan Turing

Os filósofos discordam sobre a questão de, se pudéssemos fazer uma réplica eletrônica do cérebro humano ou uma não réplica inteligente, isso "contaria" como cérebro ou como inteligente, ainda que, aparentemente, conseguisse cumprir as mesmas funções.

Em 1980, o filósofo americano John Searle sugeriu um exercício intelectual que chamou de "sala chinesa" para explicar que a IA não tem entendimento. Imagine uma pessoa numa sala fechada que recebe perguntas escritas em chinês. A pessoa não sabe chinês, mas tem um livro grande em que pode procurar as perguntas e encontrar respostas adequadas. Ela devolve as respostas, e todos fora da sala acham que ele sabe chinês. De modo parecido, a IA pode se comportar como se tivesse entendimento sem tê-lo na verdade. Searle distinguia as chamadas IA fraca e forte:

- IA fraca: "Um sistema de símbolos físicos [efetivamente, um computador] pode agir de modo inteligente"
- IA forte: "Um sistema de símbolos físicos pode ter mente e estados mentais"

A IA forte é a versão que preocupa os filósofos.

Os primeiros desenvolvedores de IA supuseram que a mente processa informações em blocos de acordo com determinadas regras e acreditavam que esse mecanismo poderia ser reproduzido por uma máquina. Mas os instintos inconscientes são fundamentais para a inteligência e a competência humanas, e eles não podem ser reproduzidos por um conjunto de regras ou algoritmos que um computador possa seguir — daí as limitações do médico com IA. O filósofo e acadêmico norte-americano Hubert Dreyfus, ao abordar essa limitação da IA, disse que a inteligência e competência humanas verdadeiras não são "saber que" (conhecimento factual), mas "saber como" (conhecimento em ação, por assim dizer).

Turing observou que a intuição humana também pode seguir regras, que podem simplesmente ser regras que ainda não observamos. Nesse caso, os instintos humanos, em algum momento, podem ser emulados pela inteligência de má-

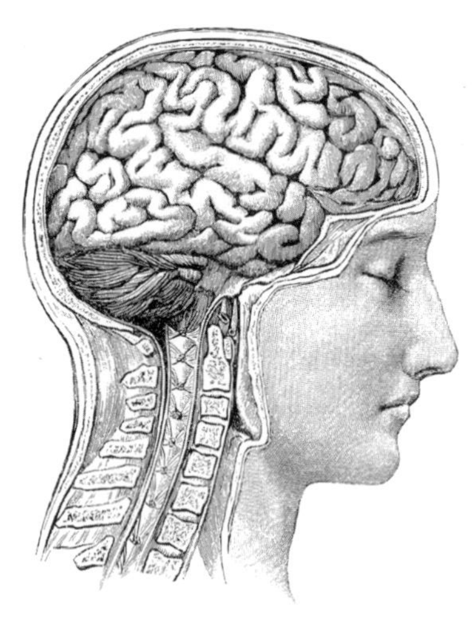

Caixa craniana: em 2005, um modelo computadorizado do cérebro humano com 10^{11} neurônios, levou cinquenta dias para fazer o equivalente a um segundo de "atividade cerebral".

ZUMBIS FILOSÓFICOS

A questão da possibilidade de uma máquina ter mente é uma versão do "problema das outras mentes", que pergunta se podemos ter certeza de que algo ou alguém tem mente. Como você se sentiria se descobrisse que é o único ser com mente que existe e que todos os outros são autônomos de carne e osso ou zumbis filosóficos?

quina. Desde a obra de Dreyfus na década de 1970, a pesquisa em IA se deslocou para as redes neurais e os algoritmos evolucionários projetados para lidar especificamente com o tipo de processamento inconsciente, contextos e vínculos não emulados pelos modelos mais antigos.

De coisa a ser

Uma coisa é ser inteligente, mas outra bem diferente ser consciente. Mais uma vez, não há consenso sobre o que é a consciência nem onde ou como se localiza. John Searle sugere que ela surge de uma coleção de neurônios, assim como a propriedade molhada surge de uma coleção de moléculas de água (ver o capítulo 6). Nesse caso, a máquina inteligente também seria uma máquina consciente.

Podemos conceber tipos de consciência que não sejam como a consciência humana? O filósofo norte-americano Daniel Dennett afirma que as máquinas já são conscientes e que até um termostato é "consciente". Não é a opinião de muitos.

Mas, se a máquina tiver consciência, isso abre toda uma nova caixa de Pandora cheia de dilemas. Uma máquina consciente poderia sentir esperança, desespero, dor, raiva, amor, curiosidade, inveja, saudade, orgulho? Se puder, terá direitos? E que responsabilidades temos com essa máquina? — ou deveríamos dizer "esse ser"? Essas perguntas foram examinadas com muito detalhe nos textos e filmes de ficção científica.

Quanto poder dar às máquinas?

Há muitas maneiras pelas quais nos tornamos vulneráveis quando confiamos demais na tecnologia. A crise bancária que começou em 2007-2008 foi causada, em boa medida, por algoritmos de computador desenfreados. A equação matemática de Black-Scholes no âmago do mercado financeiro foi usada de forma inadequada para permitir que operações com derivativos (que não são um produto real, apenas dinheiro hipotético e previsões de lucro) atingissem um valor de um quatrilhão de dólares por ano. Isso é dez vezes o valor de todas as coisas reais produzidas no mundo inteiro durante um século. Como os computadores tomam decisões numa fração de segundo, a situação pode sair do controle muitíssimo depressa. Lado a lado com os computadores que nos dão a capacidade de fazer mais, temos a probabilidade de que destruam mais — e eles nem precisam desenvolver uma inteligência malévola para isso.

ROBÔS APAIXONADOS

No filme *IA* (2001), dirigido por Steven Spielberg, um menininho androide chamado David é programado para exibir amor. Quando seu "protocolo de ambientação" é instalado, David desenvolve um laço forte com a mulher de quem é o filho substituto. Esse amor nunca pode ser desfeito, e ele ainda a ama dois mil anos depois, quando os seres humanos se extinguiram. Que deveres teríamos com robôs que pudessem nos amar?

No Japão, o governo oferece subsídios de 50% a 60% para pesquisa e desenvolvimento a empresas que desenvolvam robôs cuidadores de idosos. O Japão sofre uma grave escassez de cuidadores, e os robôs podem preencher essa lacuna. Como nos sentiríamos se as pessoas ficassem dependentes e, talvez, emocionalmente apegadas a robôs?

Os robôs assassinos estão aqui

O uso dos drones — veículos e armas computadorizados e não tripulados — na guerra é extremamente controvertido. Integrantes das forças armadas argumentam que a vida de muitos soldados se salva com o emprego de drones em missões arriscadas em território inimigo. Mas o argumento contra seu uso é que estamos permitindo que a tecnologia tome a "decisão" de matar seres humanos. É discutível se isso é mesmo uma decisão; o drone segue instruções para procurar, identificar e lidar com o alvo.

O caso dos drones é, principalmente, utilitário; ele cumpre a meta de destruir um alvo específico (em geral, um insurgente escondido no interior do território inimigo) e minimizar os danos colaterais. Mas há o que os filósofos chamam de confusão entre "fato e valor". O fato de ser fácil matar alvos usando drones não significa que *devamos* fazer isso.

O argumento contra os drones aborda as questões utilitárias e assume uma postura moral. Ele ressalta que houve mortes acidentais e que não é válido defender algo com base em que é melhor do que uma alternativa (como o bombardeio em grande escala) que nunca foi proposta. Questiona se algum dia será aceitável usar um método de matar tão dissociado do engajamento humano que lembra algo que pode ser feito com uma "mentalidade de PlayStation".

PODEMOS LIMITAR O CONHECIMENTO?

O conhecimento pode trazer benefícios e perigos. Desde a bíblica Queda do Homem, o conhecimento foi ligado ao perigo. O conhecimento da física subatômica possibilitou as armas nucleares, mas também nos deu os benefícios médicos de tecnologias como a ressonância magnética e a tomografia computadorizada. O conhecimento do genoma nos ajuda a melhorar os produtos agrícolas e curar doenças, mas também a dar a um terrorista a capacidade de liberar um vírus assassino. Há algum tipo de conhecimento que seja simplesmente perigoso demais para buscar? Deveríamos limitar a pesquisa em algumas áreas devido ao potencial de desastre, como a limitamos por razões éticas? Ou isso nos deixará indefesos se um gênio do mal chegar lá antes de nós?

O uso de drones também pode ser prejudicial em termos psicológicos e espirituais. Um relatório lançado pelo Pentágono em 2011 revelou que 30% dos operadores de drones sofreram esgotamento como resultado de "crise existencial". Os pilotos também podem ser negativamente afetados do modo oposto, quando matar se "normaliza". O uso de drones está envolvo em sigilo — os alvos são escolhidos por políticos e líderes militares de alto coturno — e essa falta de transparência pode ser um problema político e filosófico. No entanto, alguns filósofos defendem que a ética não se aplica à arena da guerra (ver o capítulo 18).

CAPÍTULO 24

Estamos Sendo Vigiados?

Os governos afirmam que a vigilância nos mantém a salvo de danos. Mas qual é o custo para nossa privacidade?

Há poucos lugares aonde possamos ir em nossas cidades onde não haja uma câmara de segurança nos espiando. Se incluirmos a vigilância de nossos e-mails, telefonemas, mensagens de texto e atividade na internet pelo governo, parece que pouca coisa em nossa vida é particular. A vigilância em massa é boa ou ruim? É útil? Como equilibrar a proteção pública e a privacidade do indivíduo?

Você está sendo filmado

As câmeras de segurança têm dois objetivos distintos: dissuasão e detecção. Elas registram a atividade numa área e permitem possíveis provas que possam ajudar a polícia na investigação caso um crime seja cometido. Também dissuadem as pessoas de cometer crimes onde as câmeras possam gravá-las; por que fazer algo que você sabe que vai lhe causar problemas?

Cadê? Sumiu! Apareceu!

Há crimes que você cometeria se achasse que conseguiria se dar bem? Talvez não crimes grandes, mas pequenos, como usar como atalho uma rua com acesso fechado?

É discutível que as câmeras de segurança realmente reduzam a criminalidade.

CULPA, VERGONHA E MEDO

Alguém pode decidir não cometer um ato proibido ou imoral pelas seguintes razões:

- **Medo de punição. Quando o medo é o único impedimento, é provável que a pessoa cometa o ato quando a ameaça de punição for removida.**
- **Vergonha. A vergonha exige que o público seja testemunha; só sentimos vergonha quando sabemos que os outros sabem que fizemos algo imoral ou ilegal.**
- **Culpa. A culpa é privada; sentimos culpa quando nos arrependemos do que fizemos, tenha ou não consequências negativas, saibam ou não o que fizemos.**

A culpa é a marca do sistema moral internalizado; o medo pode existir sem nenhuma consciência de moralidade. A vergonha, que fica no meio, exige a consciência do sistema moral mas não exige que quem comete o ato tenha os mesmos valores morais do sistema.

Se houver um policial guardando a entrada da rua fechada, pouca gente entrará por ela com medo de encrencas. Mas é improvável que haja um policial ali todo dia. Na próxima vez em que o policial sair, as pessoas voltarão a usar o atalho. Agora, suponha que, em vez de ficar parado, o policial esteja obviamente andando de um lado para o outro ao longo da rua. Na próxima vez, vai parecer que não há nenhum policial, mas não será possível ter certeza. Talvez ele só esteja mais adiante. Talvez ainda surjam problemas se você entrar ali. E você segue outro caminho.

A conclusão é anti-intuitiva: a presença *possível* do policial é um impedimento pelo menos tão bom e talvez melhor do que a presença *definida* do policial.

No último caso, se não estiver visível, o policial não terá nenhum efeito dissuasivo. Uma autoridade local muito pressionada pode usar o policial que anda como impedimento em várias ruas, porque ele não precisa estar visível em nenhuma delas para ainda causar impacto.

Cuidado; eles estão entre nós

O princípio do policial que pode ou não estar lá foi a base de um projeto experimental de prisão proposto no fim do século XVIII pelo filósofo inglês Jeremy Bentham. O "panóptico" é uma estrutura circular, com cada preso abrigado numa cela que dá para uma torre de observação central. Há um guarda na torre, num cômodo com janelas em toda a volta, mas com persianas que fecham o cômodo para quem observa de fora. O guarda pode ver cada uma das células em volta, mas nas celas ninguém pode ver dentro da torre de vigia. De acordo com Bentham, o efeito é que os presos jamais saberão quando estão sendo observados e se autopoliciarão, agindo sempre como se fossem vigiados. Uma rede de túneis e passagens permitiria aos guardas entrar e sair da torre sem serem observados, para que não fosse preciso ter um guarda presente o tempo todo; o efeito dissuasivo do guarda em potencial será tão grande quanto se houver alguém vigiando o tempo todo.

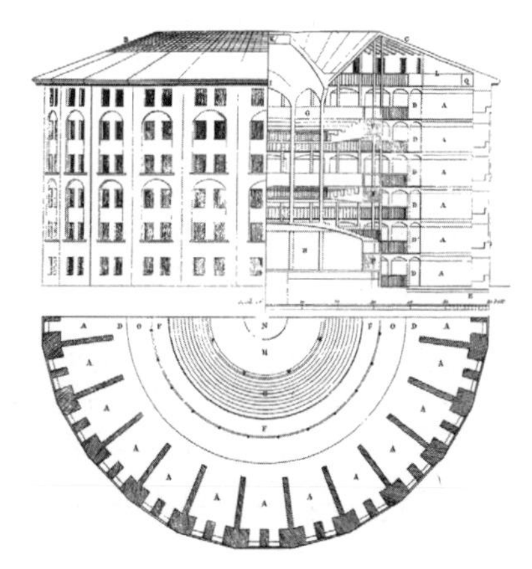

Bentham anunciou o panóptico como "um novo modo de obter poder da mente sobre a mente numa quantidade até aqui sem exemplo", o que soa alegremente opressor. Mas ele não pretendia que seu projeto fosse usado como um meio de opressão. Ele era favorável ao individualismo e promovia a liberdade de expressão, direitos iguais para as mulheres, direito ao divórcio, abolição da escravatura e da pena de morte e a descriminalização da homossexualidade — todas metas muito radicais para o fim dos anos 1700. Ele chamou o panóptico de "usina para deixar bandidos honestos" — em outras palavras, um sistema para reformar e reeducar criminosos.

"A moral reformada — a saúde preservada — a produção revigorada — a instrução difundida — o fardo público aliviado... tudo com uma simples ideia de arquitetura!"

Jeremy Bentham

Mesmo assim, o filósofo francês Michel Foucault via o panóptico como um símbolo do poder disciplinar e do impulso generalizado e invasivo de observar, e é assim que geralmente é considerado.

É possível "usinar bandidos para deixá-los honestos"?

Os presos no panóptico podem se comportar, mas com certeza só porque acham que estão sendo vigiados e temem punições caso se comportem mal. Isso não é deixá-los honestos, é só deixá-los obedientes. Bentham poderia argumentar que, fazendo sempre a coisa certa, os presos se acostumam ao bom comportamento e este se torna seu ajuste padrão, por assim dizer. O bom comportamento se torna entranhado e automático, e eles são reformados.

Caso se queira simplesmente uma sociedade de cidadãos obedientes à lei, talvez a obediência automática seja suficiente. Mas Kant discordaria. Embora favorável a que as pessoas obedecessem a lei moral porque é a lei, ele queria que obedecessem porque assim *escolheram* — porque foram guiadas pela consciência.

A obediência impensada não é sinal de uma pessoa moral. Realmente, a vigilância constante e o medo das conse-

> ***"Quem é submetido a um campo de visibilidade e sabe disso assume a responsabilidade pelas restrições do poder; faz com que ajam espontaneamente sobre si; inscreve em si a relação de poder na qual representa ao mesmo tempo os dois papéis; torna-se o princípio da própria sujeição."***
>
> Michel Foucault, 1975

PANÓPTICO VIRTUAL

"É claro que não havia como saber se você estava sendo vigiado em qualquer momento dado [...] era preciso viver [...] com o pressuposto de que cada som que fizesse seria ouvido e, a não ser na escuridão, cada movimento seria examinado."

No romance *1984* (1949), de George Orwell, a população é submetida a vigilância constante pelas "teletelas" instaladas em todas as residências e lugares públicos.

quências de nosso comportamento poderiam, em última análise, ser prejudiciais para a sociedade. A vigilância embota nosso crescimento como indivíduos responsáveis; ficamos moralmente flácidos porque não exercemos nosso juízo, não refletimos sobre nosso comportamento nem questionamos nossas ações e as regras pelas quais vivemos. Embora Bentham acreditasse que ela produziria cidadãos obedientes, a simples internalização das regras produz os indivíduos responsáveis pela própria subjugação, como disse Foucault.

"Quem não é culpado não tem nada a esconder"

Em 2013, Edward Snowden, especialista americano em computação, revelou a vigilância generalizada da atividade na internet de cidadãos comuns pelas autoridades do EUA, do Reino Unido e de Israel. Ele descobriu invasões em escala sem precedentes, e mais informações logo surgiram, inclusive alegações de que os EUA tinham espionado os principais personagens políticos europeus, como o chanceler alemão e o Papa. Procurado por espionagem e furto de propriedade do governo, Snowden fugiu dos Estados Unidos.

O caso reabriu um debate antigo sobre privacidade e segurança. De um lado, as autoridades que querem observar a pretensão pública de que, se não tiver nada a esconder, você não deveria se preocupar por ser observado. Do outro lado, as pessoas que fazem objeção a serem observadas dizem que, se não estiverem fazendo nada errado, terão direito à privacidade. O público se divide entre os que se confortam com as medidas de segurança e os que se ofendem com elas.

A obediência impensada à autoridade pode ter consequências terríveis. Numa sociedade saudável, os cidadãos assumem a responsabilidade por suas escolhas morais e questionam injustiças. O ataque às minorias e a criação de campos de concentração são sintomas de uma doença no coração da sociedade.

Justificar a vigilância

O filósofo americano Emrys Westacott sugeriu que a moralidade da vigilância é determinada por:

- se há uma causa justificada
- os meios usados
- se a vigilância e o grau de invasão é proporcional ao risco que a vigilância supostamente impede

Além desses fatores, o cidadão vigiado se preocupa com a segurança e a exatidão das informações coletadas e teme que elas sejam mal usadas. No entanto, parece que todas as

DEVEMOS FILTRAR A INTERNET DE NOSSOS FILHOS?

Há muita preocupação sobre o conteúdo inadequado para crianças na internet. Alguns pais usam programas de filtragem para impedir que os filhos acessem conteúdo violento ou sexual, sem querer ou de propósito. O perigo de a criança ficar incomodada ou ser prejudicada pelo que vê tem de ser sopesado com a necessidade da criança de desenvolver um comportamento autorregulado. Para muitos, isso significa que a atividade de crianças menores na internet será monitorada e regulada, mas as restrições e proteções devem diminuir enquanto a criança cresce e aprende a assumir a responsabilidade por conta própria.

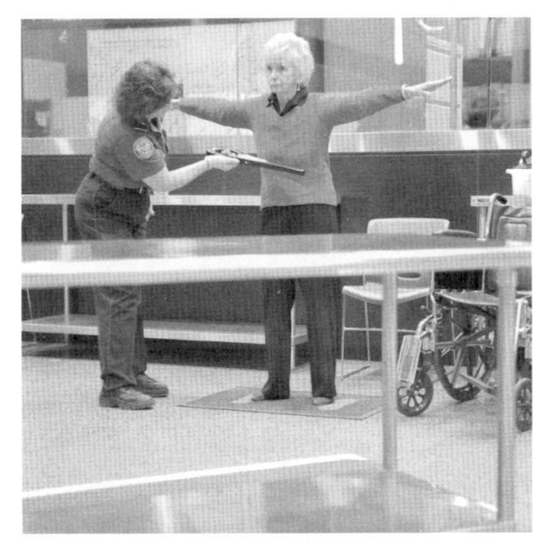

Alguns fazem objeção ao aumento das verificações de segurança nos aeroportos; outros as acham tranquilizadoras.

cartas estão nas mãos das autoridades, mas não é bem assim. Na democracia, os governos têm de manter a confiança da população para permanecerem no poder. Quem não recebe confiança e respeito não dá em troca confiança e respeito.

Ao avaliar se sentem que a vigilância é justificada e se estão dispostas a tolerar a invasão de sua privacidade, as pessoas pensarão primeiro em quem está sendo protegido. Toleramos melhor a vigilância quando acreditamos que é para nossa própria proteção. As autoridades dos EUA e do Reino Unido insistem que o aumento do nível de vigilância torna mais segura a vida de todos. Às vezes, a vigilância pretende proteger o governo ou indivíduos do governo. Nesse caso, é menos provável que a população veja com simpatia a erosão da privacidade, porque não parece uma troca justa — o público tem pouco benefício com a perda da privacidade.

> ***"Não se pode ter 100% de segurança e também 100% de privacidade sem nenhuma inconveniência."***
>
> Barack Obama, presidente americano, 2013

Alguns comentaristas questionaram a opinião de que tem de haver uma escolha entre privacidade e segurança. Eles pediram medidas de segurança que não invadam a privacidade.

Só um número

Para alguns, o papel da tecnologia na vigilância das comunicações privadas torna a questão toda mais sinistra. Quando tratadas como dados, as pessoas se sentem insultadas, subvalorizadas e despidas de dignidade humana. Com muita experiência de erros humanos e computacionais em outras áreas, muitos temem o dano que pode ser feito por um erro de cálculo ou de algoritmo. Então, a vigilância não trata apenas da erosão da privacidade, mas da erosão do poder e até de nossa noção de pessoalidade e do valor dessa pessoalidade.

CAPÍTULO 25

Deveríamos Balançar o Barco?

Às vezes é útil se revoltar?

Muita gente fará quase qualquer coisa para ter uma vida tranquila e acha difícil lidar com alguém cujas ideias saiam do tradicional. "Não balance o barco", dizem quando fazemos perguntas esquisitas. "Siga a multidão." "Sessenta milhões (ou cem milhões ou um bilhão) de pessoas não podem estar erradas."

Será que podem?

Uma breve história de estar errado

A humanidade só progride quando as pessoas encontram um modo melhor de fazer as coisas ou um modelo melhor de teoria. Há muito tempo, todos pensávamos que o Sol girava em torno da Terra. Usávamos o metal mercúrio, extremamente tóxico, para tratar a sífilis. As pessoas tinham escravos, e mulheres e crianças eram considerados seres "menores". Acreditava-se que os ursos panda eram seres míticos. E todas as pessoas que acreditaram (e ainda acreditam) em conjuntos de deuses completamente diferentes no decorrer das eras? Não poderiam estar todas certas. A quantidade de gente que acredita numa coisa não é garantia nenhuma de que essa crença seja verdadeira.

Aos pulos

Thomas Kuhn (1922-1996), historiador, físico e filósofo da ciência americano, disse que a ciência passa por longos períodos nos quais ninguém questiona o modelo predominante; então, passa por períodos curtos de mudança radical ou troca de paradigmas. Na maior parte do tempo, ninguém se desvia do pensamento-padrão. Só quando alguém pensa "fora da caixinha" há progresso significativo. No começo, é comum que as pessoas que dão esses grandes saltos da imaginação sejam desacreditadas e ridicularizadas, de tão forte que é a opinião popular.

Em 1543, o astrônomo Mikołaj Kopernik (Copérnico) publicou sua teoria de que a Terra gira em torno do Sol. Mais de setenta anos depois, a Igreja Católica Romana decidiu que a ideia era "tola e absurda [...] e formalmente herética" e exigiu que o astrônomo Galileu parasse de ensiná-la. O modelo geocêntrico era tão amplamente aceito antes de Copérnico que tinha o *status* de realidade consensual: era efetivamente real em virtude de tantos acreditarem nele.

Morrer antes de mentir

O filósofo grego Sócrates se tornou muito impopular por questionar as crenças e ideias dos cidadãos de Atenas. Ele parava as pessoas na feira e as desafiava a definir conceitos como virtude ou justiça. Rapidamente lhes mostrava que suas opiniões herdadas e não ponderadas na verdade não funcionavam. Logo ele se meteu em encrencas por corromper a juventude de Atenas (seus alunos) e por ser irritante. A elite da cidade lhe disse que tinha de parar de ensinar filosofia. Sócrates se recusou e disse que preferia morrer mil vezes a se abster de dizer a verdade. Foi julgado por corrupção moral e impiedade, condenado e instruído a tirar a própria vida tomando veneno.

> ***"Tenha a coragem de ir contra a maré."***
> Papa Francisco, 2013

Em vez de seguir o fluxo dos conhecimentos herdados, Sócrates escolheu dar fim à vida tomando cicuta.

A SAGRAÇÃO DA PRIMAVERA

A sagração da primavera **é um balé e peça orquestral de Igor Stravinski, produzida para os Ballets Russes de Serguei Diaguilev, que estreou em Paris em 1913. A natureza vanguardista da obra foi tão espantosa que quase causou um motim na plateia. Hoje, é considerada uma das obras musicais mais importantes do século XX.**

Vida fácil

> ***"Não vale a pena viver uma vida não examinada."***
>
> Sócrates

Todos somos criados com determinadas crenças. Se nos ocorrer que podem estar erradas, podemos ou não questioná-las; mas a maioria tende a acreditar que, se muita gente concorda com alguma coisa, o número prova que é muito provável que estejam certos. O mais importante é que a maioria prefere ir com a multidão e ser amado em vez de correr o risco de ser ridicularizado e odiado.

Sócrates recomendava que, em vez de simplesmente aceitar todas as ideias correntes e não questionadas na sociedade, cada um de nós deveria examinar cada uma delas e decidir, pela investigação e pelo pensamento lógico, se realmente acredita que seja verdadeira ou justa. Ele considerava que ter e defender cegamente uma opinião sobre a qual não pensamos é desperdiçar o principal benefício de sermos humanos.

Contra a maré

Quando crianças, a maioria tinha medo de

ser rotulada como "dedo-duro" — alguém que põe os outros em encrencas delatando-os a pais ou professores. Quem quebrou a janela? Quem deixou o hamster da turma fugir? Quem escreveu palavrões no quadro-negro? Revelar o culpado é considerado confraternizar com o inimigo (os adultos). Em consequência, o dedo-duro (ou denunciante, dependendo do ponto de vista) pode ser desprezado e agredido pelo esforço.

Essa atitude persiste na idade adulta. É formalizada no mundo do crime, onde o alcaguete pode esperar um destino horrível. Quantos de nós desaprovamos o comportamento criminoso mas não tivemos coragem de denunciá-lo?

Acompanhar o que os outros nos mandam pensar pode ter consequências desastrosas.

O denunciante expõe a corrupção, a incompetência ou os negócios escusos de uma organização em nome do interesse público. Como seus equivalentes da infância, os denunciantes costumam ser vilipendiados, perseguidos e podem sofrer duras consequências por suas ações pelo bem de todos. Embora muitos países tenham leis que protegem os denunciantes, é comum que quem relata má conduta numa organização — principalmente quando governamental — pague um preço alto.

Interesse pessoal contra o interesse comunitário

O princípio utilitário nos exige sopesar o custo e o benefício para todos os que serão afetados por uma decisão e depois escolher a opção que traga a maior felicidade total. Em geral, isso significa que temos de dar o alarme se isso ajudar a salvar pessoas de perigos ou agressões. Mas o interesse próprio costuma afetar nossas escolhas.

> ***"Ou nos tornamos cúmplices, ou questionamos."***
>
> Michael Woodford, ex-presidente executivo da Olympus que descobriu e revelou os pagamentos feitos à Yakuza, a máfia japonesa, por altos administradores da empresa.

Se você estivesse num naufrágio e pudesse escolher entre salvar seu cônjuge ou dois desconhecidos, é quase certo que salvaria seu cônjuge. Tomar a decisão altruísta de salvar os dois desconhecidos seria incompreensível para os outros, pelo altruísmo extremo (alguns diriam perversidade).

Contabilidade do sacrifício

Algumas organizações e indivíduos exploradores dependem de nosso interesse próprio para manter secreta sua má conduta. A pessoa que põe a boca no trombone sobre o patrão pode perder o emprego ou ser perseguida no trabalho. Pode perder o *status* e a amizade dos colegas.

Muitos tocadores de trombone perdem o lar, a família, a saúde e até a vida com a torrente posterior de processos na justiça e reações agressivas ou vingativas. Em alguns casos, sua ação sequer obtém o resultado pretendido, porque a organização que denunciaram se esforça para desacreditar o denunciante que não tem recursos para revidar. É preciso uma pessoa incrivelmente forte, com uma noção de justiça inabalável, para balançar o barco dessa maneira.

PERGUNTE-SE

Você denunciaria algum desses incidentes às autoridades?

- **Uma vizinha sua grita com os filhos de forma persistente. Você desconfia que ela bate neles, mas não viu acontecer.**
- **Seu amigo telefona para você, claramente bêbado, e diz que vai voltar para casa dirigindo. Ri quando você lhe pede que pegue um táxi e dá para ouvir quando liga o motor.**
- **Você vê o melhor amigo de seu filho adolescente vendendo maconha atrás do ponto de ônibus.**
- **A entidade onde você trabalha usa trabalhadores explorados em outro país onde opera, mas põe nos produtos adesivos de "comércio justo".**

Se pudesse denunciar de forma anônima, isso faria diferença na resposta?

Lealdade tribal

As pessoas tendem a sentir lealdade por qualquer grupo a que pertençam. Pôr a boca no trombone envolve um conflito de lealdade, porque nosso compromisso com o grupo menor e mais imediato (nossos colegas e patrões, por exemplo) entra em discordância com nossa lealdade à comunidade mais ampla. Quando os que podem se beneficiar das denúncias estão muito longe de nós — operários de uma fábrica em Bangladesh, por exemplo —, o custo para nossa "tribo" mais local talvez pareça pesar mais do que o benefício a pessoas que não conhecemos e jamais encontraremos.

A consciência triunfa

Quando toma a decisão de abrir o jogo sobre algum abuso ou crime, o denunciante segue sua consciência e não

HERÓI OU TRAIDOR?

Edward Snowden, profissional americano da computação, entregou aos meios de comunicação documentos que revelavam a extensão da vigilância de cidadãos particulares pelo governo, inclusive com o uso de dados do Facebook e do Google. Foi acusado de traição e fugiu do país. Dizem que são palavras dele: "Meu único motivo é informar ao público o que se faz em seu nome e o que é feito contra ele."

Ele é um traidor que torna as pessoas contrárias às medidas de segurança que o governo considera necessárias ou um herói que defende a privacidade e o direito à informação dos indivíduos respeitadores da lei?

Sua vida está em ruínas e ele pode passar um bom tempo na cadeia. Foi um mártir ou um tolo ao pôr a boca no trombone?

um conjunto de regras, diretrizes ou lealdades que o incentivaria a ficar calado. De acordo com o biólogo evolucionista Charles Darwin (1809-1882), a consciência evoluiu exatamente por essa razão: para nos ajudar a resolver conflitos entre o interesse próprio e o interesse da sociedade, de modo a auxiliar a preservação da comunidade como um todo. Em nível individual, ela nos leva a evitar comportamentos que provoquem vergonha e são prejudiciais à sociedade.

> ***"Conserve a consciência tranquila e sempre terá alegria. A consciência tranquila suporta muita coisa e se mantém alegre nas dificuldades, mas a consciência pesada é sempre temerosa e inquieta."***
>
> Tomás de Kempis, *A imitação de Cristo*, c. 1418.

É comum os denunciantes acabarem como mártires. Chelsea Manning (antes, Bradley) foi condenada a 35 anos de prisão por divulgar documentos e vídeos que viu quando era soldada americana. Entre eles, havia a filmagem de um helicóptero americano atirando em civis desarmados no Iraque em 2007.

Alguns filósofos, como São Tomás de Aquino (1225-1274), veem a consciência como a aplicação da razão prática. Outros a veem como concedida diretamente por Deus. Nem sempre a consciência é considerada uma faculdade racional, mas uma "intuição", embora possa resultar da doutrinação a longo prazo num esquema moral específico. Isso resulta na sensação de que seria "certo" revelar abusos mesmo quando a razão diz que, provavelmente, isso trará más consequências para o denunciante. A doutrinação pode servir aos dois lados, é claro; quando pessoas empregadas por regimes despóticos para oprimir e torturar os outros não consideram suas ações erradas, é claro que sua consciência as desertou.

A questão da consciência cabe ao chefe de Estado, ao soberano."

Adolf Eichmann em seu julgamento em Jerusalém, 1962

"A consciência privada, além de ser a última proteção do mundo civilizado, é a única garantia de dignidade do homem."

Martha Gellhorn, 1962

CAPÍTULO 26

Dar É Melhor do Que Receber?

Para cada dádiva, tem de haver quem dá e quem recebe. Um é melhor do que o outro?

Dar é melhor do que receber? Se for, quanto é melhor dar? Quem mais se beneficia com a caridade: quem dá ou quem recebe?

Dar porque você quer ou porque tem de dar

Um dos cinco pilares do islamismo é o *zakat*. É o dever de pagar 2,5% da renda excedente (o dinheiro que sobra depois de pagar o essencial à vida e os impostos) como contribuição para ajudar os pobres. Serve a dois propósitos: fazer o muçulmano refletir sobre a natureza da riqueza e o excesso de apego aos bens materiais e redistribuir riqueza para ajudar os pobres. Não é considerado um tributo nem uma doação para caridade. A pena para a não contribuição é grave: "Se qualquer dono de ouro ou prata não pagar o que lhe é devido, quando o Dia do Juízo chegar, pratos de fogo serão batidos por ele; então, serão aquecidos no fogo do Inferno, e seus lados, testa e costas serão cauterizados com eles. Sempre que esfriarem, (o processo) se repete durante um dia cuja duração pode ser de cinquenta mil anos."

Deveríamos dar dinheiro aos moradores de rua ou esperar que o Estado cuide deles?

Além disso, os muçulmanos são incentivados, mas não obrigados, a fazer doações para *sadaqah*, ou caridade. As pessoas sem nenhuma obrigação social ou religiosa de doar aos necessitados ainda podem fazer doações generosas para caridade. Podem sentir que têm essa obrigação moral, ainda que não haja nenhum imperativo formal. Há alguma diferença em dar sem obrigação?

Valores e deveres

Os filósofos costumam identificar dois aspectos diferentes da virtude: valores e deveres. Os valores são mais abertos e se aplicam a Estados ou pessoas; os deveres são específicos e ligados a atos. Assim, podemos dizer que Gandhi era um homem virtuoso e que ajudar uma pessoa ferida é um dever social. É claro que frequentemente há superposição. A pessoa compassiva se sentirá mais disposta a abandonar seu dever para ajudar um ferido. O dever pode ser um ato que a pessoa se sente moralmente obrigada a realizar ou que é imposto por uma regra.

Então, a pergunta se torna: quanto deveríamos fazer?

É possível fazer o suficiente?

Se decidir comprar um chapéu, viajar nas férias ou passar seu tempo assistindo à televisão, você faz tudo isso às custas de escolher não dar seu tempo e dinheiro para caridade. Sem dúvida, os atos e doações caritativos trariam mais benefício total do que o chapéu novo, as férias ou a noite assistindo à TV, portanto a caridade seria a escolha "certa". Mas quase nenhum de nós abrirá mão de pequenas gratificações pessoais para dar tudo o que tem para caridade.

Dois ramos do consequencialismo (o certo ou errado depende das consequências do ato) ajudam a abrandar nossa consciência e nos dizer que nossas ações podem ser suficientemente boas, se não perfeitas. O consequencialismo "progressivo" diz que deveríamos agir para tornar o mundo melhor do que seria se nada fizéssemos, mas não temos de fazer tudo o que podemos para melhorá-lo. O consequencialismo "satisfaciente" diz que devemos produzir bem suficiente; não temos de dar tudo para caridade, contanto que demos algum e não tentemos causar nenhum mal com o tempo e o dinheiro que não demos.

Suponhamos que alguém tenha uma renda de 50.000 dólares (30.000 libras). Quer ajudar os pobres. A resposta óbvia seria doar seus 50.000 dólares, mas não daria certo. A pessoa ficaria tão pobre que precisaria da ajuda dos outros sob a forma de doações de comida, abrigo e vestimenta. E como seria se a pessoa deduzisse o custo de vida necessário e doasse o excedente? Mas aí não teria roupas elegantes e talvez nem recebesse a promoção que lhe traria um salário mais alto (o que tornaria mais fácil doar mais dinheiro). Talvez, se mantiver um determinado nível de gastos e socialização, essa pessoa consiga se associar a outros ricos e convencê-los a também doar para caridade. A pessoa que doa 5.000 dólares (3.000 libras) e incentiva dez amigos a darem 2.000 dólares (1.200 libras) cada um contribui mais do que a pessoa que doa 16.000 dólares (10.000 libras).

Você deve raspar a cabeça ou deixar o bigode crescer?

Anos atrás, doar para caridade era um ato privado e, geralmente, anônimo. Ainda pode ser; você pode pôr di-

PELO PREÇO DE UM PAR DE SAPATOS

O filósofo australiano Peter Singer (nascido em 1946) apresenta essa questão para destacar o modo como a distância geográfica afeta nosso impulso caritativo.

Se visse uma criança se afogando num lago, é presumível que você pularia no lago para salvá-la, mesmo que com isso arruinasse um bom par de sapatos. Poucas pessoas pensariam que a vida de uma criança não vale o preço de um par de sapatos. Assim, se tivesse a oportunidade, por meio de uma instituição de caridade, de doar o preço de um par de sapatos para salvar a vida de uma criança num país distante, por que você hesitaria em fazer a doação? O que torna a criança à sua frente mais digna de resgate do que a criança a dez mil quilômetros?

nheiro numa caixa de coleta, doar anonimamente pela internet ou por mensagem e até criar uma fundação que não tenha seu nome. Mas hoje é cada vez mais comum fazer uma exposição pública de generosidade. A chata caminhada patrocinada foi substituída por bigodes patrocinados, raspagem de cabeça patrocinada, rapel patrocinado e férias patrocinadas (maratonas em países estrangeiros, ajudar tartarugas a chegarem ao mar em praias distantes e assim por diante).

É claro que ninguém patrocinará nada se não souber que você está fazendo aquilo. Raspar a cabeça ou deixar o bigode crescer é um ato muito público. A demonstração pública aumenta a coleta de recursos para caridade, mas também aumenta a exposição de sua generosidade. É muito "olhem para mim". Isso faz alguma diferença para a validade do gesto? Ou é tudo a mesma coisa, desde que o dinheiro entre e vá para os necessitados? Até que ponto as intenções e o gesto importam?

Treinar a virtude até que ela venha naturalmente

Aristóteles gostaria que agíssemos bem porque somos incentivados a isso pela virtude, não para que outras pessoas fiquem impressionadas com nossa generosidade nem para que nos sintamos bem conosco. Os sentimentos naturais de compaixão e generosidade deveriam nos dar vontade de ajudar os outros sem pensar no efeito que isso nos causa (desde que o efeito não seja tão prejudicial que nos faça precisar de ajuda dos outros). E se você não se sentir virtuoso? Ainda será bom doar? Parece que sim.

Os destinatários de seu bom comportamento se beneficiarão e, agindo do modo certo, você aumentará seu "músculo da virtude". Finalmente, a prática virtuosa se tornará entranhada e, aos poucos, automática, se Jeremy Bentham estava certo (ver o capítulo 24). É um pouco como praticar exercícios. Talvez você não goste no começo, mas, dali a algum tempo, fica agradável e se torna uma parte da vida. É aí, de acordo com Aristóteles, que você conta como virtuoso: quando agir de forma virtuosa for seu ajuste-padrão.

CAPÍTULO 27

Ser ou Não Ser?

Essa é a questão?

"Ser ou não ser?", pergunta Hamlet em seu famoso monólogo na peça de Shakespeare. A questão não é simplesmente se o suicídio é justificado ou aceitável, mas se é "nobre" continuar vivendo com todo o sofrimento que isso pode produzir. Na verdade, não é uma questão a abordar num momento de crise pessoal avassaladora; é para um estado de espírito mais calmo e contemplativo.

A vida dada por Deus

Para muitos, a crença religiosa lhes nega o direito de escolher o suicídio. Se seu Deus proibiu o auto-homicídio e se você aceita os ensinamentos desse Deus, a questão não existe. Mas há sempre a questão do que realmente constitui suicídio, e isso pode ser bem importante para uma pessoa de fé.

> ***"O mandamento de Deus 'Não matarás' deve ser compreendido como proibição à autodestruição."***
>
> Santo Agostinho, 345-430

Uma definição sensata de comportamento suicida seria quando uma pessoa realiza, de vontade própria e com conhecimento, uma ação com a intenção de se matar. Podemos afastar um degrau afastada; portanto, pedir ao médico que ministre uma dose letal de medicamento pode ser suicídio. Por outro lado, entrar correndo num prédio em chamas na esperança de salvar uma criança mas morrer em consequência disso não é comportamento suicida, porque o socorrista não pretendia morrer. Mesmo que a pessoa saiba que a morte é uma consequência *provável*, como não é a consequência pretendida sua ação não pode ser chamada de suicídio.

Tomar sem querer uma dose maior de um remédio receitado não é suicídio, mas tomá-la de propósito, é. Tomar a dose extra deliberadamente mas não o suficiente para morrer é comportamento suicida, mas não suicídio. Às vezes, as pessoas fazem tentativas de suicídio ambivalentes. Querem mesmo morrer? Provavelmente, alguns suicídios são gestos suicidas fracassados, já que, tragicamente, deixaram de ser um gesto e terminaram em morte. Para que a ação seja um suicídio, intenção, conhecimento e resultado têm de estar juntos (ver o capítulo 17).

Não são apenas os crentes religiosos que citam a santidade da vida humana como razão para excluir o suicídio. Se aceitarmos que a vida humana é sempre especial, não importa quanto sofrimento envolva, o argumento pode, logicamente, ser ampliado para banir todas as mortes. Isso inclui a execução judicial, matar um criminoso armado que ameaça os outros, a matança da guerra e deixar que alguém com dor faleça se assim desejar em vez de estender sua vida artificialmente. Pouca gente se dispõe a adotar uma posição completamente inflexível.

Aguentar tudo isso

Para os antigos filósofos gregos, em geral o suicídio era considerado desonroso. Platão dizia que os suicidas deveriam ser sepultados em túmulos não marcados. Mas permitia algumas exceções a essa atitude cruel, como pessoas que sofrem de loucura, tormento extremo e vergonha por agir de forma imoral, sem falar da compulsão, do suicídio jurídico.

Para os estoicos como Sêneca (4 a.C.-65 d.C.), aguentar era uma virtude e levava a uma vida melhor. Eles ensinavam que devemos tentar aceitar o que nos acontece e reagir com razão e moderação, qualidades obtidas quando se aprende a fortitude e o autocontrole. Os estoicos não negavam os estados emocionais extremados, mas buscavam transformá-los e atingir a calma. De acordo com Epicteto, o estoico pode "estar doente e ainda feliz, em perigo e ainda feliz, moribundo e ainda feliz, exilado e feliz, na desgraça e feliz".

> ***"Além de um pecado, o suicídio é o pecado. É o mal supremo e absoluto, a recusa a se interessar pela existência; a recusa a fazer o juramento de lealdade à vida. O homem que mata um homem mata um homem. O homem que se mata mata todos os homens. No que lhe diz respeito, ele elimina o mundo."***
>
> G. K. Chesterton, *Ortodoxia*, 1908

O caminho estoico não exclui o suicídio, considerado permissível em casos de dor ou doença extrema ou se for impossível, devido às circunstâncias, levar uma vida virtuosa (quando se era oprimido por um tirano, por exemplo). Em outras palavras, se um sábio, ao exercer a razão, considerasse o suicídio a melhor opção, ele seria permissível. Como os estoicos consideravam algumas coisas essenciais ao bem-estar, como a saúde e a liberdade, a falta delas também poderia embasar o suicídio. Sêneca disse que o sábio "vive enquanto deve, não enquanto pode".

O problema da coação

Se uma espiã capturada temer a tortura e tomar uma cápsula de cianureto, isso é suicídio? Se supusermos que

11/9: O "HOMEM QUE CAI" E OS QUE NÃO PULARAM

Em 11 de setembro de 2001, no ataque terrorista em Nova York, duzentas pessoas caíram ou pularam das janelas das Torres Gêmeas. O registro oficial da perícia médica de Nova York dá como causa da morte "homicídio por trauma contundente" (em outras palavras, impacto com o chão) e não suicídio. As vítimas não são listadas como suicidas porque: "Pular indica uma escolha, e essas pessoas não tiveram escolha. É por isso que as mortes foram consideradas homicídios, porque as ações de outros fizeram aquelas pessoas morrerem."

Essa descrição não satisfaz a todos os parentes dos falecidos. Para alguns, o suicídio é um ato pecaminoso que trará represália divina, não importam as circunstâncias. Para outros, a ideia de que seus entes queridos tinham algum controle e foram capazes de fazer a escolha final, por mais horrível que seja, é confortadora. Para esses parentes é "mais nobre na mente" dar fim aos próprios problemas.

em outra situação a espiã não buscaria morrer, ela foi, portanto, coagida a se matar.

A coação tem de ser por uma pessoa? Alguém com uma doença terminal dolorosa que, não fosse isso, não quereria morrer, pode dizer que está coagido pelas circunstâncias. A maioria dos que se matam o fazem para escapar de alguma coisa — talvez uma situação ou angústia mental terríveis. Se pudessem escapar de seu tormento sem morrer, provavelmente prefeririam.

> ***"Quando as circunstâncias de um homem contêm uma preponderância de coisas de acordo com a natureza, é apropriado que continue vivo; quando possui ou vê a probabilidade de uma maioria de coisas contrárias, é apropriado que parta da vida."***
>
> Cícero, 106-43 a.C.

São mais "culpados" de suicídio do que a espiã que enfrenta a tortura ou o homem que pulou da Torre Norte do World Trade Center em 11 de setembro?

Pensar o impensável

Durante séculos, a opinião predominante na Europa cristã foi que o suicídio seria um pecado imperdoável. São Tomás de Aquino lhe fazia três objeções, uma das quais era a noção interessante de que é presunçoso — tira das mãos de Deus a decisão de quando dar fim à própria vida e, portanto, usurpa Sua autoridade. Só depois que a religião começou a perder a força sobre o pensamento ocidental os filósofos puderam mais uma vez contemplar o conceito de suicídio sem esse *éthos* de crueldade inflexível a acompanhá-lo.

Os antigos gregos consideravam o suicídio mais em termos de dever social e dever para com os deuses do que como dilema pessoal. David Hume abordou a questão social, que

O movimento romântico, predominante na Europa no século XIX, glorificava a ideia do suicídio como a reação inevitável da alma angustiada e decepcionada no amor ou na vida.

ainda preocupa muita gente hoje, do ponto de vista utilitário. Ele propôs que, se continuar a vida for um fardo doloroso para o indivíduo, é improvável que ele contribua muito com a sociedade, e provavelmente a perda para a sociedade com a morte daquela pessoa é bem pequena e contrabalançada pelo benefício da libertação do indivíduo.

Há casos em que a equação utilitária seria contrária ao suicídio — quando deixasse órfãos de luto a serem criados às custas do erário, talvez. Mas alguns suicídios podem ter pouco impacto social, por exemplo, quando a pessoa não deixa família. Em cada caso, o dano ao suicida de continuar suportando uma vida de angústia tem de ser sopesado em relação ao dano aos outros (indivíduos ou a comunidade) para determinar se aquele suicídio específico era moralmente errado. Contra o argumento de que o suicídio viola o contrato social, o suicida pode afirmar que a sociedade já renegou o acordo se a vida é intolerável para ele.

Na antiga lenda grega, Sísifo era um rei cuja punição no Hades foi rolar uma pedra imensa montanha acima, só para vê-la rolar de volta por toda a eternidade.

Suportar o insuportável

Os existencialistas, famosos por fumar e tomar café nos bares parisienses do século XX, identificavam o fato "absurdo" de que a vida humana não tem sentido, Deus não existe, não há propósito no que fazemos e, em última análise, tudo é vaidade e morte. Essa teoria não se chama "absurda" por ser ridícula, mas porque torna absurda a vida e a busca de significado. A angústia ou *angst* que vem do reconhecimento de nossa impotência e insignificância é um profundo desespero filosófico.

> ***"Ninguém quer morrer. Até as pessoas que querem ir para o céu não querem morrer para chegar lá. Ainda assim, a morte é nosso destino comum. Ninguém jamais escapou dele, e é assim que deve ser, porque, muito provavelmente, a morte é a melhor invenção da vida. É o agente de mudança da vida. Ela limpa o velho e abre caminho para o novo."***
>
> Steve Jobs (1955-2011)

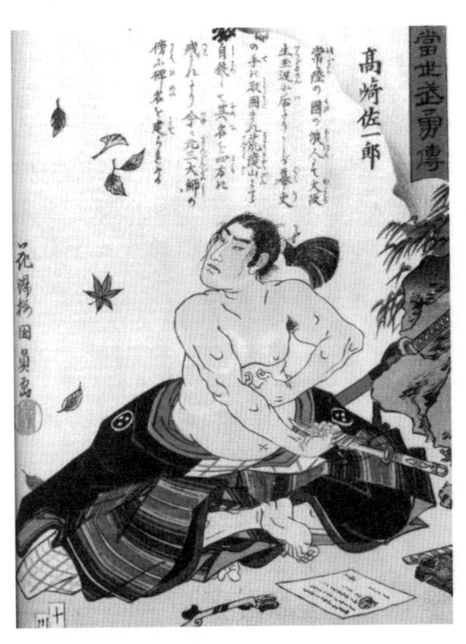

Para o samurai japonês derrotado em combate, envergonhado ou condenado à morte, o suicídio ritual por evisceração autoinfligida era um dever moral. Conhecido como sepukku ou hara-kiri, era realizado cortando o abdome com uma faca especial.

Logo, se tudo acabará em lágrimas de qualquer modo, por que não acabar agora? A conclusão de que, portanto, a vida não faz sentido é a que Albert Camus se esforçou para evitar. No fim, disse ele, temos de viver apesar desse conhecimento: "A luta em si é suficiente para encher o coração do homem."

Com a analogia de Sísifo, condenado pelo mito grego a empurrar para sempre uma rocha pesada montanha acima e vê-la rolar para baixo outra vez, Camus concluiu que o caminho avante é "imaginar Sísifo feliz", isto é, aceitar a situação, achá-la libertadora e gozar a vida com a liberdade que ela nos dá.

O suicídio como dever

O filósofo John Hardwig faz a afirmativa controvertida de que, em alguns casos, as pessoas têm a obrigação moral de se matar. Se a continuação de sua vida for tão onerosa para os outros que acabar com ela produzirá maior benefício total do que continuá-la, elas deveriam optar pelo suicídio. No entanto, ele admite: "Posso prontamente imaginar que, por covardia, racionalização ou falta de determinação, eu falharia nessa obrigação de proteger meus entes queridos."

(Não Há) Conclusão

A filosofia é um empenho sem fim. Quando se começa a pensar na miríade de perguntas que a vida nos lança, é impossível parar. Mesmo que encontre respostas a algumas perguntas, você sempre achará mais perguntas a fazer. Mas a pergunta única e verdadeiramente importante que todos deveriam fazer é: "o que penso?" Tudo vem daí. Para voltar mais uma vez a Kierkegaard: "A coisa é achar uma verdade que seja verdadeira para [você], achar a ideia pela qual [você] possa viver e morrer."

A filosofia é a busca da verdade. Se a virmos como a busca da verdade absoluta, não chegaremos ao fim da jornada — mas isso não é o mesmo que fracassar. Se a virmos como busca de "uma verdade que seja verdade para [você]", é possível chegar ao fim de sua jornada. Você pode até reconhecer quando chegar lá.

E devemos dar a última palavra a Platão representando Sócrates,, que começou a festa da filosofia ocidental. Lembre-se: "Não vale a pena viver uma vida não examinada."

CRÉDITO DAS ILUSTRAÇÕES

Clipart: 199
Corbis: 86 (Bettmann), 124, 149 (Bettmann), 163 (Oliver Coret/In Visu), 166 (Bettmann), 192 (Hulton-Deutsch Collection)
Friman: 219
Getty Images: 58, 98, 122
Ken e Nyetta: 61
Coleção Kobal: 9
Mary Evans Picture Library: 197
NASA: 28, 106
Shutterstock: 7, 13, 15, 17, 21, 25, 31, 34, 39, 41, 46, 49, 54, 55, 59, 62, 67, 70,73, 81, 87, 95, 101, 107, 108, 115, 121, 125, 128, 129, 133, 134, 137, 144, 146, 151, 161, 169, 176, 179, 187, 189, 194 (Wally Stemburger), 201, 203, 206, 210, 215, 216, 223, 225, 228, 232 (Bocman1973), 233 (Kobby Dagan), 235, 236, 241, 243, 245
Aleš Tošovský: 37
Wellcome Images: 177, 247

GRÁFICA PAYM
Tel. [11] 4392-3344
paym@graficapaym.com.br